# DISCOVRS
## SVR L'ESTABLISSEMENT
### DE
# L'HOSPITAL GENERAL,
## fondé à Paris par le Roy en
## l'année 1657.

*Où il est monstré, que non seulement il est loisible de renfermer les pauures, mais qu'il est absolument necessaire; & que les riches de Paris sont obligez de contribuer à leur subsistance.*

Par M<sup>r</sup> A. Godeav, Euesque de

## A PARIS,
Chez Antoine Vitré, Imprimeur ordinaire du
Roy, & du Clergé de France.

### M. DC. LVII.
*Auec Priuilege de sa Majesté.*

# DISCOVRS SVR

l'eſtabliſſement de l'Hospital General, fondé à Paris par le Roy en l'année 1657. où il eſt monſtré, que non ſeulement il eſt loiſible de r'enfermer les pauures, mais qu'il eſt abſolument neceſſaire; & que les riches de Paris ſont obligez de contribuer à leur ſubſiſtance.

L'ESTABLISSEMENT de l'Hospital General eſt vne œuure ſi importante à la gloire de Dieu, ſi neceſſaire au ſalut des pauures que l'on y veut renfermer, & ſi commode à tout le monde, qu'il y a ſujet de s'eſtonner que beaucoup de perſonnes qui d'ailleurs ſont fort raiſonnables, le trouuent mauuais, & en condamnent l'entrepriſe, ou comme cruelle, ou comme indiſcrette, & im-

possible en son execution. Mais l'experience nous a fait connoistre que
toutes les grandes œuures que l'on
a faites pour Dieu dans tous les sie-
cles, ont eu tousjours de l'opposi-
tion, qui est comme le caractere de
leur bonté, & comme la marque
qu'elles viennent de celuy dont Si-
meon dit à la Vierge; *Qu'il seroit vne*
*pierre d'achoppement, & vn signe de*
*contradiction à plusieurs.* Le Prince
du siecle ne peut approuuer ce qui
n'est pas conforme à son esprit, il
approuuera bien moins ce qui de-
struit son mal-heureux regne, &
ce qui sert à establir celuy du Fils
de Dieu dans les ames. S'il n'y auoit
que les meschans qui improuuas-
sent l'entreprise de l'Hospital General, ils ne meriteroient pas que
l'on se mist en peine de leur respondre. Mais comme il se trouue beaucoup de sages & de politiques, dont
les vns craignent que ce dessein ne
puisse s'effectüer par l'impossibilité
de la chose; & les autres croyent
que c'est violer toutes les loix de

*S. Luc,*
*chap. 2.*

*S. Iean,*
*chap. 15.*

l'humanité, que d'enfermer des hommes qui sont nez libres, on a creu qu'il estoit necessaire de donner au public vne ample connoissance des raisons qui ont poussé à l'entreprise de cette œuure, ceux qui s'en sont meslez, & de respondre distinctement à toutes les objections que l'on peut faire pour la combattre. Messieurs les Directeurs de l'Hospital General m'ont prié de prendre ce soin, & ie n'ay pu refuser ce petit seruice de ma plume à des personnes qui se sacrifient elles-mesmes pour acheuer vn dessein si laborieux & si vtile. Les Euesques sont les defenseurs naturels des paures, & en cela il n'y a point de limites par les Dioceses. Car la charité de IESVS-CHRIST qui les doit presser, est aussi estenduë que son Eglise; & en quelque lieu qu'ils se rencontrent, ils sont obligez de faire tout ce qui depend d'eux pour assister ses membres. I'ay donc resolu de diuiser ce Discours en trois parties. Dans la premiere, ie mon-

A iij

 feray que l'establissement de l'Hospital General est necessaire;

1. Pour la gloire de Dieu.

2. Pour le salut des pauures.

3. Pour la commodité publique.

Dans la seconde partie, ie respondray à toutes les objections que l'on peut faire contre cette grande œuure.

Dans la troisiesme, ie feray voir l'obligation qu'ont tous les riches de Paris de contribuer liberalement leurs aumosnes pour la subsistance de cét Hospital, & la maniere dont ils le doiuent faire. Ie n'employeray point de figures de Rhetorique pour les porter à s'acquitter de ce deuoir; mais ie prendray mes preuues dans les diuines Escritures, dans les Conciles, dans les saints Peres, dans les Ordonnances de nos Roys, & dans eux-mesmes. C'est à Dieu à donner la force à mes raisons, & à mes paroles; & comme le dessein, pour lequel ie fais ce Discours, est entrepris pour sa gloire; comme c'est la seule chose

que ie me propofe, j'efpere de fa
bonté qu'il benira cét efcrit, & luy
fera produire les fruits que j'en
efpere.

## PREMIERE PARTIE.

ENCORE que la grace Chre-
ftienne ne foit plus renfermée
ny dans vne feule nation, ny dans
vn feul eftat de perfonnes, & qu'il
n'y ait plus en IESVS-CHRIST
ny Iuif, ny Gentil, ny Grec, ny
Barbare, ny pauure, ny riche, mais
que tous les hommes foient capa-
bles de deuenir les membres de fon
corps par la foy; Il eft certain neantmoins que dans la focieté ciuile, il
fe rencontre des conditions qui de
leur nature ont plus de conformité
à l'efprit, & aux maximes de l'Euangile, & d'autres qui s'y trouuent
plus oppofées. L'Efprit de l'Euangile eft vn efprit d'abnegation de
foy-mefme, qui renferme vne re-
nonciation abfoluë en effet, ou en

L'eftat
des ri-
cheffes
eft oppo-
fé à l'ef-

A iiij

preparation de cœur, à toutes les
choses du monde. Car le fils de
Dieu, en saint Luc, dit à tous ;
*Quiconque veut venir apres moy, qu'il
renonce à soy mesme, & qu'il porte
sa croix tous les jours & me suiue.*
Ces paroles qu'il disoit à tous, ont
esté escrites par l'Euangeliste, auec
grande raison, afin que les hommes
du siecle ne pussent penser qu'il n'y
a que les Ministres Ecclesiastiques,
les Moines, & les Vierges consa-
crées à Dieu, qui soient obligez à
l'abnegation d'eux-mesmes. Il est
vray que ceux-cy la doiuent pratti-
quer d'vne façon differente de ceux-
là, pour l'vsage des choses exterieu-
res qui est beaucoup plus seuere, &
plus estroit pour eux, que pour les
personnes qui viuent dans des conditions seculieres. Mais aussi ne
doiuent-elles pas s'imaginer, qu'il
leur soit permis d'vser des creatures
comme d'ordinaire elles en vsent
pour leur plaisir, ou pour leur vanité. L'Apostre dit à tous les Fideles ; *Que le temps qu'ils ont à viure*

dans le monde, eſt court, & que ceux
qui vſent du monde ſoient comme n'en
vſant point, *Tanquam non vtantur*, & le verbe Grec ſignifie, comme
n'en vſant pas beaucoup. Or il eſt
certain que cét vſage chaſte où la
curioſité du ſiecle n'a point de part,
eſt incomparablement plus mal-ai-
ſé dans la poſſeſſion des grandeurs,
des richeſſes, & des joyes du monde, que dans leur priuation. Car la
corruption de l'homme par le peché, l'attache à ſoy-meſme, & cét
amour propre qui fit le crime du
chef de la nature humaine, fut auſſi
ſa punition, & ſera celle de tous ſes
enfans, juſques à ce que par la
gloire ils ſoient deliurez de ce joug
qui les accable.

Ainſi pour peu de matiere que
cét amour mal-heureux trouue en
nous, c'eſt vne eſpece de naphte
qui s'allume tout d'vn coup ; & vn
venin qui rencontrant vn fond qui
luy eſt propre, le penetre, & le
corrompt entierement. C'eſt pourquoy le Fils de Dieu dit dans l'Euan-

1. aux Cor. ch. 7

gile, *où est ton thresor, là est ton cœur,*
parce que le thresor est comme la
pierre d'aimant qui attire le cœur
par vn attrait inéuitable, si la grace comme vn diamant pretieux,
n'empesche ce mal-heureux effet.
Cette abnegation Euangelique doit
commencer par l'entendement que
la foy met sous sa bien-heureuse
captiuité; Et quel est l'effet des richesses? De donner de l'orgueil à
cét entendement, & de le rendre
Iuge de toutes choses. C'est ce qui
oblige l'Apostre instruisant son

Disciple, de luy dire, *Præcipe di-*
*uitibus non sublime sapere, neque spe-*
*rare in incerto diuitiarum, sed in Do-*
*mino, Enseigne aux riches à ne s'es-*
*leuer pas trop haut, & à ne mettre*
*pas leur confiance sur les richesses in-*
*certaines.* Comment les riches ne
s'esleueroient-ils pas au dessus des
autres, & d'eux-mesmes, ayant autour d'eux des flateurs qui ne cessent de les loüer, de farder leurs
defauts, d'excuser leurs vices, &
de grossir les moindres bonnes qua-

litez de leur efprit. *Vn riche parle-* Ecclefia-stique chap. 13. *t'il* , dit l'Ecclefiaftique , *on porte auffi toft fon difcours fuft-il le plus impertinent du monde, jufqu aux nuës.* L'Euangile apprend encore à mortifier le defir d'excellence ; c'eft à dire du commandement fur les autres , & de refufer aux fens les voluptez qui ne font pas licites. Et n'eft-il pas vray , que de trouuer vn homme efleué en dignité qui en vfe auec modeftie , ou qui pouuant fatisfaire fes conuoitifes defreglées, les mortifie, & tienne fon corps fous vn joug tant foit peu rigoureux, c'eft vn miracle extraordinaire; *où eft-il , & nous le loüerons , par-* chap. 31. *ce qu'il a fait des prodiges en fa vie.* Il eft donc certain que l'eftat de la grandeur & des richeffes combat toutes les maximes de l'Euangile, & qu'il eft tres-difficile , que celuy qui en eft chargé, fe fauue. C'eft ce que le Fils de Dieu nous fait entendre par la comparaifon d'vn gros cable, que l'on feroit paffer plus aifément par le trou d'vne aiguille,

S. Luc,
chap. 18.

qu'vn riche n'entreroit dans le Royaume des Cieux.

L'estat de la pauureté est conforme aux maximes & à l'Esprit de l'Euangile.
C H. 2.

Au contraire la pauureté est vn estat, qui de sa nature a plus de rapport à la vie Chrestienne, qui esloigne d'auantage l'homme de tout ce qui le peut corrompre, & qui luy donne plus de droit sur le Paradis. Le pauure manque de toutes les choses necessaires à la vie. Il est consideré dans le monde, comme le rebut du monde, comme la lie du siecle, comme la partie la plus vile, & la plus inutile de la Republique. Il n'a point d'entrée ny dans les compagnies des hommes de condition, ny dans celles des hommes de plaisir, ny dans celles des sçauans, on le fuit, on en a du degoust, & de l'auersion, il n'a aucune part aux affaires, il n'oseroit dire son sentiment de rien, & pour peu qu'on le soulage, on croit luy faire vne tres-grande faueur. S'il reçoit quelque affliction nouuelle, personne ne le console ; si on le traite mal, personne ne le defend ; s'il a aujourd'huy dequoy manger, il n'en aura pas pour le lendemain ; s'il a durant quelque temps vn meſchant habit pour couurir ſa nudité, il en manque la plus grande partie de l'année ; Enfin, c'eſt vn mort du ſiecle auquel perſonne ne prend garde, & qui ſemble eſtre rejetté de la main de Dieu. Comment eſt- *Pſalm. 81.* il poſſible qu'en cét eſtat vn homme ayme la vie preſente, où toutes les choſes luy manquent, qu'il prenne part au monde, qu'il ſonge aux grandeurs, au commandement, à l'eſtime, à la gloire & à la volupté ? Ne luy eſt-il pas aiſé de haïr le monde dont il eſt ſi mal traité ? Ne luy eſt-il pas facile ne poſſedant rien de n'eſtre attaché à rien ? Ne luy eſt-il pas bien doux de ſonger à vne autre vie, où la foy luy fait eſperer autant de grandeur & de joye, qu'il a d'humiliation, & de triſteſſe en celle qu'il meine ſur la terre ? Comment pourra-t'il s'aymer ſoy-meſme ? Ne luy ſera-t'il pas bien-aiſé de porter par amour ſa croix, qu'auſſi-bien il faudra qu'il porte en depit de luy?

IESVS-CHRIST a confacré l'eſtat de la pauureté, le choiſiſſant pour luy.

CH. 3.

Mais ce n'eſt pas en cette ſeule facilité de pratiquer les maximes de l'Euangile, & de viure ſelon ſon eſprit, que ie mets l'excellence & la ſainteté de l'eſtat de la pauureté Euangelique. Il tire ces deux auantages principalement du choix que IESVS-CHRIST en a fait pour ſa perſonne, pour celle de ſa ſainte Mere, de ſes Apoſtres, & de ſes plus fideles ſeruiteurs. Il pouuoit eſtant Fils de Dauid, naiſtre en vn temps où la Royauté ſe trouuoit encore dans ſa maiſon ; & toutesfois il vient au monde lors que la grandeur Royale en eſt ſortie, & que ſa Mere qui eſtoit l'heritiere legitime du Throſne d'Iſraël, ſe trouue reduite en vn eſtat ſi pauure, qu'elle eſpouſe Ioſeph le Charpentier. Il naiſt dans vne cauerne qui ſeruoit d'eſtable aux beſtes ; il eſt couché dans la creche des animaux; durant trente ans il mange ſon pain à la ſueur de ſon viſage, & paſſe pour vn simple artisan. Tandis qu'il annonce aux Iuifs, les veritez de l'Euangile, il n'a pas vne pierre pour reposer sa teste; il a souuent faim; il n'a point de demeure asseurée; il vit des aumosnes que luy donnent des personnes de pieté. Il est regardé auec mespris par les Prestres, par les Scribes, & par les Pharisiens. On le chasse des Villes où il a fait des miracles; & enfin on le fait mourir du supplice des voleurs. Sa sainte Mere ne possede rien au monde non plus que luy. Il fait laisser aux Disciples qu'il choisit pour porter la lumiere de la Foy aux Princes & aux peuples de la terre, le peu de bien qu'ils possedoient : Il leur defend *Matth.* de porter aucunes prouisions, & de *chap. 10.* demander aucune chose: Dans la *Actes.* naissance de l'Eglise, les riches ven-*chap. 2.* dent leurs heritages, & en apportent le prix aux pieds des Apostres qui le distribuënt aux necessiteux. Tous les grands Euesques que l'Eglise honore ont esté choisis pauures, ou le sont deuenus par la ven-

te de leurs biens, comme fi les richeffes n'euffent pû s'accorder auec
le miniftere Apoftolique. Les Saints
qui les ont conferuées en ont pris
pour eux, vne fi petite part, que par
la difpofition de leur cœur, ils ont
efté auffi pauures que s'ils euffent
manqué de toutes chofes. Ce choix
du Fils de Dieu de l'eftat de la pauureté, le confacre fans doute, &
l'efleue à vne dignité extremément
fainte, auffi les pauures felon l'efprit de l'Euangile, font-ils confide-
rez comme la fleur du Chriftianifme, comme fa portion choifie,
comme les delices & l'amour de
Iesvs-Christ, comme fes temples
particuliers, & comme les inter-
cefleurs generaux des peuples, &
comme les heritiers indubitables.
Car il ne dit pas que le Royaume
des Cieux fera à eux, comme il dit
que ceux qui pleurent feront con-
folez; mais il prononce que dés à
prefent le Royaume des Cieux leur
appartient; *Ipforum enim eft regnum*
*cælorum.* Tous les faints Peres leur
donnent

Matth.
chap. 5.

donnent des noms magnifiques , &
le grand Chryfoftome ne feint
point de les nommer des Autels
dont Dieu eft auffi jaloux que de
ceux où on luy facrifie le corps de
fon Fils, & qui doiuent eftre autant
honorez par les fideles. *Nous ne* *Hom.* 21.
*leur rendons pas , dit-il, le culte qui* *fur le 8.*
*ch. de la*
*eft deu , fi nous negligeons ceux-cy* 1. *aux*
*qui font le corps de* IESVS-CHRIST *Cor.*
*mefme. Dans ces derniers nous pouuons*
*facrifier , & comme le faint Efprit eft*
*appellé par le Preftre fur les Autels de*
*pierre , ainfi on le fait defcendre fur*
*foy par l'aumofne que l'on fait aux*
*pauures.* Ils nous tiennent le lieu du
Fils de Dieu mefme, & il dit à fes
Apoftres pour les confoler de fon
efloignement , qu'ils ne l'auront
pas tousjours, mais qu'ils auront
tousjours des pauures, à la perfonne de qui eux & les fideles pourront
rendre tous les offices de charité *Matt.*
qu'ils pourroient luy rendre à luy- *chap.* 26.
mefme.

La condition des pauures dans le Les vrays
Chriftianifme eftant fi fainte , ou Chreftiens

B

pour mieux parler, estant l'estat de IESVS-CHRIST mesme; il n'y a point de doute que ceux qui ayment le Fils de Dieu, ne soient obligez de deplorer sa corruption, & de trauailler à le restablir dans sa pureté. On louë auec raison le zele de ceux qui redressent les Eglises abbatuës, & les Autels que le temps, ou l'impieté des hommes a renuersez. Mais ces Temples & ces Autels, ne font que des masses de pierre, infiniment esloignez de la dignité des Temples animez, tels que sont les pauures. Or n'est-il pas veritable que rien n'estoit si prophane, ny si abominable que la pluspart des pauures dans la ville de Paris; c'estoit comme vne nation monstrueuse dans l'Eglise, & dans la Police. Beaucoup n'estoient pas baptisez, & toutefois ils ne laissoient pas de se dire Chrestiens. Ils ne sortoient point des Eglises, & non seulement ils n'y prioient jamais Dieu, mais ils empeschoient les autres de le prier. Ils viuoient dans vne generale igno-

font obligez de trauailler à remettre l'estat de la pauureté, en sa premiere sainteté par laquelle il est descheu par la mauaise vie des pauures.

C M. 4.

rance de toutes les veritez de la Religion. Ils ne frequentoient point
les Sacremens, & quoy qu'ils vef-
quissent dans toutes sortes d'abo-
minations, on ne les voyoit jamais
recourir au remede de la penitence.
Ils auoient beaucoup d'enfans, & les pau-
ils ne faisoient que fort peu de ma- res of-
riages. Le meslange des bestes aux egale-
fontaines d'Afrique, n'est pas plus loix du
monstrueux qu'estoit le leur. Les Christia-
paroles sales, les injures, les male- nisme, &
dictions, & les blasphemes estoient de la po-
tousjours dans leur bouche. Voila lice.
de quelle sorte ils satisfaisoient aux
deuoirs du Christianisme. Pour les
loix de la police ciuile, ils n'y faisoient pas de moindres fautes. Premierement c'estoient des faineans,
qui au lieu de seruir leur pays, ou
en trauaillant, ou allant à la guerre,
demeuroient dans vne oisiueté hon-
teuse, & faisoient vn mestier de la
gueuserie. Ils desroboient des enfans où ils en pouuoient rencon-
trer, & leur estropioient les membres, afin de gagner leur vie par ce

B ij

moyen. Ils traitoient de mesme les leurs propres, & l'auarice estoufoit en eux les sentimens de la pitié naturelle pour ces petites creatures. Ils seruoient souuent aux voleurs pour entrer dans les maisons où on leur faisoit la charité de leur donner le couuert. Ils estoient larrons eux-mesmes, & prenoient tout ce qui se trouuoit sous leur main. Ils se seruoient de mille artifices pour paroistre chargez de playes & d'vlceres, & se moquoient le soir, de la simplicité de ceux à qui ils auoient fait compassion. Car chacun sçait qu'il y auoit quelques lieux dans Paris, où tous les soirs ces mauuais pauures se retirant, faisoient d'estranges miracles sur eux-mesmes, sans magie & sans saincteté. Les aueugles voyoient clair, les sourds entendoient, les boiteux dansoient, les muets chantoient, les teigneux auoient la teste nette, les mourans faisoient la desbauche; enfin ils passoient les nuits entieres en feste, & en toutes sor-

tes de diſſolutions. Dans les derniers mouuemens qui ont agité la
ville de Paris, ils eſtoient des gens
tous preſts à former la ſedition, &
à piller les maiſons des riches. Ce
deſordre qui offenſe également la
Religion & la Republique, peut-il
eſtre indifferent à ceux qui ont
quelque ſentiment pour l'honneur
de l'vne, & pour le bon ordre
de l'autre? Il n'y a point eu de peuples, ny de ſiecles, où il ne ſe ſoit
trouué des perſonnes à qui l'amour
de Iᴇsᴠs-Cʜʀɪsᴛ, & le reſpect de
l'eſtat qu'il a choiſi pour luy, n'ait
donné de grands ſentimens de pitié, pour ſecourir les pauures dans
leurs neceſſitez ſpirituelles, auſſi
bien que dans les corporelles, & où
on n'ait veu des erections de maiſons ſemblables à celles dont nous
parlons. Nous apprenons de Ioſe-
phe, que Hircam eſtablit le premier
vn Hoſpital dans Ieruſalem, où il
r'aſſembla les pauures qui eſtoient
diſperſez en differens quartiers de
la Ville, pour les empeſcher de

Dans
tous les
ſiecles on
a eu ſoin
des pau-
ures.
Cʜ. V.

Iosephe
l. 13. des
ant. ch.16
Aux
Actes
ch. 92.

mendier. Dans la naissance de l'Eglise, tous les fideles estoient pauures, puis que les riches vendoient leurs biens, & en apportoient le prix aux pieds des Apostres; mais la distribution egale qui se faisoit à tous des choses necessaires à la vie, empeschoit la mendicité, & tous viuoient en commun. Durant les persecutions, la charité pour les pauures estoit encore plus ardente, & nous apprenons des Epistres de saint Cyprian, & des Autheurs de ce temps-là, que le principal soin des Euesques estoit de pouruoir à leur subsistance. Les oblations des fideles se partageoient entre les Ministres de l'Autel & eux, & les personnes puissantes se chargeoient d'vn certain nombre qu'ils entretenoient en secret. Saint Laurens, cét illustre Diacre de l'Eglise Romaine, estant interrogé où il auoit caché les thresors de l'Eglise, monstra vne grande multitude de pauures à qui il dit les auoir distribuez, & dont les mains les auoient portez dans le

Ciel. Saint Chryfoftome nous ap- *En l'Hom. 3. au peu- ple d'An- tioche.*
prend que dans l'Eglife d'Antioche
on entretenoit trois mille Veuues
ou Vierges, fans vn nombre infini
de fains & de malades. Quand la *Le Card. Baronius en l'an de I.C. 330.*
paix fut renduë à l'Eglife par Con-
ftantin, on commença à baftir des
Hofpitaux, & le Martyr Zoticus
fonda le premier dans Conftantinople. Il eft vray que ce fut pour y.
receuoir les pelerins. Mais c'eftoit
auffi pour les inftruire, & pour empefcher que la mendicité ne les
portaft dans les defordres du peché.
Le Pape Pelagius conuertit fa maifon en vn Hofpital pour des vieillards, où ils eftoient enfermez, &
fecourus auec toute forte de foin.
En ce temps-là aucun ne s'auifa de
luy reprocher qu'il leur oftoit leur
liberté naturelle, & la difpofition de
leurs perfonnes.

Le Pape Eftienne reftablit quatre *L'an de I.C. 752.*
Hofpitaux qui eftoient tombez en
ruïne, les enrichit de dons magnifiques, & en affeura la conduite &
les reuenus par beaucoup de priui-

leges, mais la deuotion n'eftant pas
contente de reparer ce qui eftoit
tombé, il en erigea vn nouueau, où
il affembla cent pauures, pour la
fubfiftance journaliere defquels il
affigna des reuenus affeurez.

Procope parle d'vn grand Hofpital fondé pour les pauures & pour
les malades, qu'vn homme pieux
nommé Samfon auoit bafti, &
qu'vn autre r'edifia, & augmenta
de plufieurs petites maifons, outre
lequel il en baftit deux autres de
nouueau dans Conftantinople ; &
le principal foin que l'on auoit
d'eux, eftoit de les faire viure dans
la pieté Chreftienne Nous voyons
prefque dans toutes les villes Épif-
copales, les Hofpitaux baftis aupres
des Eglifes Cathedrales, & des maifons des Euefques, parce qu'ancien-
nement ils prenoient le foin des
pauures que l'on y retiroit, fans per-
mettre qu'ils mendiaffent dans les
ruës.

Il y a long-temps que l'on a fon-
gé à empefcher ce defordre, qui en
effet

effet est honteux au Christianisme,
qui a pour sa loy la charité. En l'année 1612 quelques personnes de
pieté s'assemblerent, & formerent
le dessein de renfermer les pauures.
Monsieur de Belieure, pere de feu
Monsieur le premier President,
estoit pour lors Procureur general,
& il y contribua tout le soin, toute
la diligence & toute l'authorité de
son esprit, de son zele & de sa ma-
gistrature. Il y eut des Lettres pa-
tentes de cét establissement, seel-
lées & verifiées. Il fut commencé,
& il dura quelque temps; mais il
est vray que faute d'en auoir jetté
des fondemens solides, d'auoir bien
preueu à toutes les difficultez qui
s'opposeroient à son execution, d'a-
uoir le fonds necessaire au commencement; cette œuure si atten-
due & si necessaire se destruisit d'el-
le-mesme. Depuis quelques années
beaucoup de personnes de condition & de pieté, ont repris la pen-
sée de l'executer, & elles en sont
heureusement venuës à bout. Qui

ne loüera leur pieté ? Qui n'admi-
rera leur zele ? Qui ne s'eftonnera
de leur patience ? Qui ne fera raui
de l'ardeur de leur charité ? Qui ne
doit fe fentir leur obligé d'auoir
quitté leurs affaires domeftiques
durant fept ou huit ans, pour s'appliquer tous entiers à vn deffein fi
important & fi difficile ? Qui n'eft
obligé de prier le Dieu des pauures
qu'il conferue & qu'il multiplie le
bien de ceux qui ont abandonné le
foin de leurs familles, pour prendre
foin de la fienne, pour la raffem-
bler, pour la purifier de fes foüillu-
res, pour l'efclairer dans fes tenebres, & pour luy rendre fon premier éclat qu'elle auoit fi mal-heu-
reufement perdu ?

# SECONDE PARTIE.

QVE si du mauuais succés de cét establissement, on vouloit conclure que celuy que l'on fait aujourd'huy ne reüssira pas mieux; on peut respondre fort raisonnablement, que dans le dernier projet que l'on a fait, on a plus distinctement examiné tout ce qui pouuoit empécher l'execution d'vn si grand dessein, ou l'auancer; On s'y est appliqué auec plus de soin & de patience, ce qui a fait considerer plus exactement les obstacles particuliers pour les surmonter. On a consulté Dieu dauantage, on a consideré cette entreprise, non seulement comme Politique, mais comme Chrestienne, & on a plus songé à sanctifier les pauures, qu'à deliurer les riches de leur importunité. En second lieu, outre que l'on a maintenant tous les auantages que l'on auoit alors, on en a beau-

[a] Difference de l'establissement du grand Hospital en l'année 1612. de celuy de l'année 1657. Ch. VI.

C ij

coup de plus grands & de plus necessaires. Le Roy contribuë de sa
part tout ce que l'on pouuoit desi-
rer de son authorité. Il a donné le
Chasteau de Bicestre , qui est en
estat de receuoir les hommes ; & la
maison de la Salpestriere , où on
peut loger les femmes ; & tous les
priuileges & les exemptions des
droits dont on auoit besoin , qui ne
sont pas si peu de chose , qu'ils ne
montent vn jour à vne fort grosse
rente. La Reyne dont la pieté est si
connuë , a fait aussi vne aumosne
notable , & on espere qu'elle trai-
tera royalement les pauures , qui
sont les Roys de l'empire de Iesvs-
Christ. On a joint à l'Hospital
general celuy de la Pitié auec tous
les reuenus , & il a esté establi pour
oster la mendicité, comme il paroist par les lettres de son establissement. Les aumosnes sont des-jà
tres-notables, & plusieurs particuliers ont fait de grands legs par
leurs testamens, Monsieur de Be-
lievre premier President du Parle-

ment de Paris, en qui la France
vient de faire vne perte irreparable,
ne s'est pas contenté d'auoir trauaillé à cet establissement auec vne
patience incroyable, & vn zele qui
ne se rebutoit d'aucunes difficultez. Il a donné vne rente & vne
somme d'argent comtant, qui sont
considerables. Monsieur le Procureur general qui gouuerne les Fi-
nances du Roy, a monstré qu'il sça-
uoit fort bien s'acquitter des deuoirs de sa charge, qui le rend le
protecteur des pauures. Car outre
qu'il a soin de faire payer les sommes données par le Roy, il en a
contribué luy-mesme vne, qui
bien qu'elle soit magnifique, il veut
que l'on reçoiue comme vn gage
d'vne plus grande liberalité. Il y a
eu des personnes qui ne voulant
pas estre connuës, ont enuoyé par
des gens interposez beaucoup d'argent comptant, des tableaux de
grand prix, des coliers de perles, &
d'autres meubles fort riches. Le
magazin general se fournit de jour

en jour de toutes les choses necessaires pour la subsistance des pauures, & comme on ne refuse rien,
on éuite par là vne dépense immen-
se qu'il faudroit faire, si on estoit
obligé d'achepter tout ce que demande la fourniture de la maison,
& l'entretien d'vn si grand nombre
de personnes, qui dés à present se
trouuent monter à six mille.

Ce qui se
fait dans
d'autres
Villes, est
faisable
dans Pa-
ris.

En troisiesme lieu, on a beaucoup d'exemples qui font voir que
ce qui se fait dans plusieurs villes
du Royaume, se peut aussi fort bien
executer dans la capitale. Il semble
mesme que la prouidence de Dieu
a permis que ces petits essais du renfermement des pauures se fissent,
afin de donner courage d'entreprendre le grand, qui paroissoit im-
possible; & qu'il en est de mesme
comme des machines à leuer de
grands fardeaux, que l'on bastit sur
les modeles des petites, en obser-
uant les proportions que demandent la pesanteur du corps que l'on
veut leuer. Ie ne doute point que

quand la ville de Lion entreprit son grand Hospital , que les mesmes difficultez ne combatissent son establissement, que celles qui ont si long-temps combatu celuy de Paris. Toutefois ceux que la Prouidence diuine engageoit à se mesler de cette œuure, ne se rebuterent pas ; & enfin ils en vinrent si heureusement à bout , que cette maison a esté le modele de toutes les autres. Nous auons aux portes de Paris les villes de Chartres, de Senlis, de Beauuais, & de Pontoise, qui ont renfermé leurs pauures & qui les nourrissent; pourquoy Paris qui a de si riches habitans, & de si grandes sources d'argent, ne pourra-t'il pas executer ce qu'elles executent? Paris tire le bien de toutes les Prouinces du Royaume , tous les Citoyens presque sont commodes; c'est où se font les grandes affaires qui apportent des sommes immenses à ceux qui les entreprennent, leur donnant moyen de faire de grandes aumosnes ; c'est où la cha-

rité semble estre comme naturelle
dans le cœur des hommes, c'est où
la pieté est la plus tendre & la plus
veritable vers les miserables. Tandis que les desordres de nos guer-
res ciuiles emportoient presque
tout le bien des Parisiens, qu'ils ne
joüissoient ny des gages de leurs
Offices, ny de leurs rentes sur le
Roy, ny du reuenu de leurs maisons de la ville, ny de celuy de leurs
terres à la campagne ; qui auroit
jamais creu qu'il se peust faire des
aumosnes aussi grandes que celles
qui se firent aux pauures de Cham-
pagne & de Picardie, & à ceux des
Paroisses de la ville & des faux-
bourgs ? Celles-là ont monté durant plusieurs années à pres de quatre cens mille liures, & on ne peut
presque compter les autres qui se
faisoient aux Concitoyens, qui
faute d'auoir de la besongne
estoient reduits à la derniere necessité. Certes on pouuoit bien dire
aux Parisiens, ce que l'Apostre disoit aux Corinthiens, que l'on auoit

sujet de se glorifier de leurs libera-
litez, & que la loüable enuie de les
imiter, prouoqua plusieurs autres
personnes dans les Prouinces d'en-
uoyer des sommes considerables
pour secourir les pauures en cette
grande calamité. Le bruit en vola
jusqu'en Pologne, & la Reyne qui
a porté la pieté sur le throsne, ne
pouuant oublier sa patrie, enuoya
des nauires chargez de bled pour la
nourriture des pauures. Aujour-
d'huy le feu des diuisions ciuiles est
esteint, par la misericorde de Dieu;
& encore que les impositions publiques & les mal-heurs de la guerre diminuent fort le bien des riches, il est certain neantmoins
qu'ils sont plus en estat de contribuer à la subsistance de l'Hospital
general, qu'ils n'estoient au temps
dont nous venons de parler. Pourquoy donc n'esperons-nous pas
qu'ils feront quelques efforts, &
que le mesme esprit de charité qui
les a autrefois si fort pressez, les
pressera encore en cette occasion,

1. Aux
Cor. ch.9

où ils font intereffez, puis qu'il s'agit de la fubfiftance des pauures, qui les importunoient fans ceffe dans les Eglifes, dans les ruës & à leurs portes.

Qu'il se faut con-fier en la proui-dence de Dieu pour la fubfi-ftance de l'Hofpi-tal gene-ral. Ch. VIII.

Outre que par l'eftabliffement de l'Hofpital general, on remet l'eftat tres-faint de la pauureté en fon premier luftre, & que comme nous auons dit, on fait ceffer les crimes épouuantables que les pauures commettoient impuné-ment; on a trouué tant de facilité & de zele en toutes les perfonnes qui doiuent y contribuer, ou leur authorité, ou leur diligence; on a veu vne fi grande vnion de volon-tez en fes entrepreneurs, & tant de chofes particulières & tout à fait furprenantes font arriuées, que l'on peut raifonnablement s'affeurer que Dieu approuue cet-te entreprife; & qu'il veut qu'elle s'acheue au temps où nous fom-mes. Or n'eft-ce pas faire vne in-jure à fa fageffe & à fa bonté, que de foupçonner feulement qu'il

laiſſera perir ce qu'il a fait commencer, & qu'ayant donné la volonté & le courage d'entreprendre vne œuure ſi importante à ſa
gloire, il ne fourniſſe pas les
moyens de l'acheuer? Eſt-il poſſible que n'ayant pas laiſſé mourir
les pauures de faim tandis qu'ils ne
le connoiſſoient ny ne le ſeruoient,
mais qu'au contraire ils deshono-
roient ſon ſaint Nom par des blaſphemes épouuantables, & qu'ils
ſe ſoüilloient de toutes ſortes de
crimes, il les abandonne quand ils
ſont inſtruits en ſa connoiſſance,
& qu'ils menent vne vie Chre-
ſtienne? Il a ſoin des petits des **Pſ. 146.**
corbeaux qui inuoquent ſon nom,
& il n'auroit pas de ſoin des membres de ſon Fils qui le prient, &
qui fondent leurs eſperances ſur
luy? *N'eſt-il pas le refuge des pau-* **Pſ. 9. 10.**
*ures? Peut-il oublier leurs neceſſitez,* **11. 21. 71.**
**106. 108.**
*& mépriſer leur clameur? Ses yeux* **131. 139.**
*ne s'abaiſſent-ils pas ſur les pauures?*
*Le pauure n'eſt-il pas abandonné*
*entre ſes mains, afin qu'il en ait du*

*soin? Est-il possible qu'il méprise ses prieres? Ne sauue-t'il pas les enfans des pauures? Ne les deliure-t'il pas de la main du puissant? Ne les assiste-t'il pas en leurs necessitez? N'est-il pas à leur droite pour les secourir? Ne les saoulera t'il pas de pain? Ne fera-t'il pas la vengeance de ceux qui les ont méprisez?* C'est ainsi que le Psalmiste parle des pauures, non pas de ceux, sans doute, qui sont seulement dans l'estat de la pauureté, mais de ceux qui ont l'esprit de la pauureté, & qui sont des pauures fideles, des pauures humbles, des pauures obeïssans, des pauures remplis de crainte du Seigneur. Tels seront ceux que l'on renferme dans l'Hospital general. C'est pourquoy il ne faut point craindre qu'ils perissent, & que la prouidence manque de les secourir. Considerons la ville de Paris. Sa subsistance est vn continuel miracle de cette prouidence generale. Car encore que cette puissante Ville ait deux riuie-

res qui sont comme deux mam-
melles intarissables, & des Prouinces voisines tres-abondantes en
routes sortes de biens ; Il est certain toutesfois qu'en l'estat où elles sont reduites par le mal-heur
de la guerre, on ne peut conceuoir
quand on vient au destail, comment il est possible qu'elles four-
nissent les viures qui se consument
chaque jour par ses habitans. Les
pauures ne sont-ils pas vne portion de cette grande Cité ? La Prouidence cessera-t'elle d'en prendre
soin depuis qu'ils sont enfermez ?
Sont-ils vne augmentation si con-
siderable que l'on doiue craindre
qu'ils encherissent les denrées? Au
contraire depuis cét establissement, il est sorty plus de quinze
mille gueux, qui se sont respan-
dus dans les Prouinces voisines ;
de sorte que par cette consideration l'Hospital general est à la des-
charge du peuple qui nourrissoit
tous ces faineants. Certes comme
il est certain que les bons pauures

font des remparts & des baftions
autour des Villes, qui les defen-
dent par leurs prieres ; que ce font
des fentinelles tousjours veillantes
qui les garantiffent des furprifes,
& que Dieu pour l'amour de ces
juftes, ne les punit pas en fa colere. Ie ne crains point d'affeurer
la ville de Paris, d'vne protection
diuine toute extraordinaire , &
d'vne abondance que l'on n'a point
encore veuë, fi fes habitans ont
foin des pauures que l'on a renfermez pour leur commodité, & s'ils
font cette innocente vfure auec le

Pf. 126. Seigneur, fans qui, c'eft en vain
que les gardes de la Cité veillent,
& appreftent leurs armes pour la
defendre. Pour moy,ie penfe auoir
raïfon d'attribuer la confervation
de la capitale du Royaume dans les
derniers mouuemens qui l'ont
portée fi prés de fa ruïne , aux aumofnes qui s'y firent en vn temps
où chaque habitant auoit fujet
de fermer fa bourfe, & qui ne furent mefurées que par la charité.

qui n'a point de mesure. De toutes les choses que ie viens de dire,
il me semble que l'on peut conclure asseurement que ce n'est pas
tenter Dieu que de se fier à sa Prouidence pour la subsistance de
l'Hospital general, quand le trauail des pauures ne feroit pas le
tiers de leur depense, comme on
espere qu'il le fera, quand les ma-
nufactures iront leurs train. Ce
qui sera dans peu de temps par le
bon ordre qu'on y apporte. Dans
le grand Hospital de Lyon, les ouurages des pauures contribuënt à
leur subsistance. Pourquoy dans
celuy de Paris ne fera-t'on pas
la mesme chose? On y a desja in-
troduits de bons Maistres qui feront de bons apprentifs, dont la
Republique tirera du seruice & de
la commodité; ce qui est vne nouuelle raison pour monstrer l'vtilité
de cét establissement.

On me pourra objetter que ie
demeure d'accord, que l'Hospital
general ne se peut entretenir sans

*Il se fera dans l'Hospi-tal de bons ou-uriers qui serui-ront le public.*

*Respon-se à l'ob-jection que les*

les aumofnes des perfonnes charitables, & que les pauures ne paroiffant plus ny dans les ruës, ny
dans les Eglifes, il eſt à craindre
que les objets de la charité ceffant,
la charité ne s'efteigne peu à peu,
& que l'on s'accouftume à la commodité de n'eftre plus importuné
de leurs crieries, fans fonger à l'a-
cheter par quelque contribution
pour leur fubfiftance. On peut encore adjoufter, qu'il paroift par les
Homelies de faint Gregoire de
Nanzianze, & de faint Chryfoftome au peuple d'Antioche, que les
pauures eftoient aux portes des
Eglifes, que leurs cris y refpon-
» doient au chant des Pfeaumes, &
» leurs gemiffemens à la voix des
» prieres myftiques ; qu'à l'entrée
» du palais des Empereurs on ne ren-
» controit que des perfonnes de
» condition, mais qu'à l'entrée de
» la maifon veritablement royale du
» Fils de Dieu, c'eft à dire des Tem-
» ples, on trouuoit des miferables,
» des boiteux, des aueugles, & des
eftropiez ;

*(marginal notes:)* pauures ne paroiffant plus, on les oubliera, & on ne fera plus l'aumofne. Matth. IX. Oraifon de l'aumofne des pauures. Hom. 28. au peuple d'Antioche.

eſtropiez ; ce qui eſtoit extreme- "
ment vtile aux fideles, puis qu'ils "
auoient en eux autant d'intercef- "
ſeurs pour obtenir ce qu'ils al- "
loient demander à Dieu. "

Ie demeure d'accord que beaucoup de ceux qui faiſoient l'aumoſne aux pauures tandis qu'ils
mandioient par la ville, y eſtoient
portez, ou par la compaſſion que
leur faiſoient les eſtropiez, ou par
l'importunité des demandes dont
ils ne pouuoient ſe deliurer qu'en
leur donnant quelque choſe. Mais
premierement, cette compaſſion
n'eſtoit-elle pas d'ordinaire exci-
tée par des maladies, des bleſſures,
& des playes contrefaites ? Et faut-
il que l'on permette dans vn Eſtat
bien policé, cét abus & cette ſor-
te de fourbes ? Doit-on ſouffrir
que des hommes qui pourroient
ou trauailler, ou ſeruir le Roy à
la guerre, faſſent vn meſtier de la
gueuſerie, ſous pretexte d'eſtre
eſtropiez & inualides, tandis qu'ils
joüiſſent d'vne parfaite ſanté ? Ne

D

trompent-ils pas ceux qui leur donnent comme à des personnes affligées de maux incurables ou extraordinaires ? Ne font-ils pas des voleurs qui defrobent l'aumofne, laquelle appartient aux veritables malades ? Dans la recherche que l'on en a faite, on a trouué de ces gueux qui auoient deux & trois cens piftoles. Ceux qui par vne tendrefse naturelle leur donnoient dans les ruës, fçachant qu'ils ne feront plus trompez, & que leurs charitez feront bien difpenfées, peuuent-ils fe refroidir, & oublier les pauures qu'ils ne voyent plus ? La charité, qui eft vne vertu du cœur des Chreftiens, dépend-elle des yeux ? N'eft-ce pas vn grand feruice que l'on rend aux fideles, de leur donner moyen de faire cette action chreftiennement[1], afin qu'ils en reçoiuent la recompenfe ? Il fe trouuera fans doute des perfonnes qui ne donneront plus ; mais le nombre n'en fera pas grand, & ce qu'elles donneroient

à l'Hospital general, ne pourroit
pas beaucoup ayder à sa subsistance. On a mesme pourueu à ce re-
froidissement de charité par les
questes !que les Dames font dans
les Paroisses, où toutes sortes de
personnes ont desja contribué fort
liberalement. Messieurs les Curez
respondent d'vn fond certain tous
les ans, & on doit tout attendre
de leurs soins pour vne si bonne
œuure. On a mis des troncs dans
toutes les Eglises, qui font souuenir ceux qui y entrent, de ces pauures qu'ils ne voyent plus, & qui
sans parler leur demandent l'aumosne pour eux.

L'authorité de saint Gregoire
de Nazianze & de saint Chryso-
stome, ne fait pas vne regle que les
pauures doiuent tousjours estre
aux portes des Eglises. Premierement, il paroist par ce qu'ils en di-
sent, qu'ils n'y entroient pas pour
empescher les fideles de prier, comme ils faisoient dans Paris; ce qui
est vn desordre tres-grand auquel

D ij

on doit remedier, puis que de la maiſon de prieres, ils en faiſoient vn marché par leurs cris inſupportables, & qu'ils eſtouffoient la voix du Preſtre à l'Autel, par des maledictions contre ceux qui les éconduiſoient, & par des blaſphemes horribles dans vn lieu deſtiné à adorer & à benir le Dieu viuant. En ſecond lieu, ces pauures de l'ancienne Egliſe eſtoient bien differens des noſtres. Les Eueſques en auoient vn ſoin particulier, & ils eſtoient informez par le moyen des Diacres de leur façon de viure. Ils participoient ſouuent aux ſacrez myſteres, comme nous apprenons de ſaint Chryſoſtome, qui dit, qu'à la ſainte Table, il n'y a point de diſtinction de perſonnes de qualité, & des miſerables. Mais en noſtre ſiecle, voyoit-on jamais communier nos pauures? Sçauoit-on où ils ſe retiroient? Les Eueſques, les Curez, ſe donnoient-ils la peine de s'informer de leur vie? N'eſtoit-ce

pas comme nous auons desja dit,
vn peuple au milieu du Christianisme, qui n'estoit ny payen, ny
Chrestien; pour qui les loix diuines & humaines ne sembloient
pas estre faites; qui faisoient entre eux vne Republique monstrueuse, dont la loy principale
estoit; Fay tout ce que tu voudras.
Mais comment saint Chrysosto-
me peut-il estre allegué contre
l'establissement de l'Hospital general, luy qui souhaite qu'il s'en
pust faire vn dans la ville de Con-
stantinople, & qui dit que la terre
fust deuenuë vn Ciel, si on y eust
veu tous les pauures nourris en
commun.

*Hom. 11.*
*sur le 5.*
*chap. des*
*Actes.*

La façon de viure indisciplina-
ble des pauures me donne lieu de
respondre à vne autre objection
que l'on fait d'ordinaire contre le
renfermement des pauures, comme si on violoit en cela les pre-
mieres loix de la nature, & de l'humanité, ostant la liberté d'aller où
on veut; faisant trauailler par for-

*Response*
*à l'obje-*
*ction*
*qu'en*
*renfer-*
*mant les*
*pauures*
*on leur*
*oste la li-*
*berté na-*
*turelle.*
*CH. X.*

ce ceux que l'on renferme, & traitant en efclaues, eux qui font libres par leur naissance, & qui ont encore esté deliurez par l'Euangile : De cette captiuité, dit-on, s'enfuiuent encore plusieurs maux ; Elle fait murmurer les pauures ; Elle les entretient dans vne haine continuelle contre ceux qui les traitent de cette forte ; Elle les rend faícheux, & elle en fait des hypocrites, & des facrileges, les pouffant aux Sacremens, fans difpofition, & fans deuotion ; mais feulement pour fatisfaire aux reglemens, ou pour eftre mieux traitez quand ils feront creus plus deuots.

Cette objection eft fans doute la plus forte de toutes celles que l'on peut faire contre l'eftabliffement de l'Hofpital general, & elle n'eft pas nouuelle, mais il eft aifé d'y refpondre folidement. Car il n'eft pas queftion icy des raifons fenfibles, & fauffement pitoyables que l'on peut alleguer auec efprit, pour les pauures que l'on renferme : Il ne faut pas non plus mesurer cette forte de gens par ceux qui font dans vne autre condition, & qui viuent d'vne autre forte. Mais il faut premierement fçauoir ce que c'est que cette liberté que l'on ne veut pas leur estre oftée. On ne peut dire que ce foit vne exemption de toutes fortes de loix, & vne ouuerture à toutes fortes de crimes. Quand S. Paul parle de la liberté que l'Euangile donne aux Fideles, il adjoufte, *Tantum ne libertatem detis in occafionem carnis; Ne vous feruez pas de voftre liberté, comme d'vne permiffion pour contenter vos conuoitifes charnelles.* Il y a eu des heretiques qui penfoient pouuoir prouuer par cette liberté mal entenduë, qu'ils n'eftoient plus obligez d'obeïr aux Princes, ny à aucunes de leurs loix, & qu'ils pouuoient fuiure tous les mouuemens dereglez de leur chair. L'Eglife les a condamnez, & il n'y a perfonne

*Aux Galates. chap. 5.*

qui n'ait horreur de ces ſentimens:
La police ciuile a fait tousjours di-
uerſes ordonnances pour regler
les actions des hommes qui ſont
les plus libres ; comme les habits ,
les tables , & les autres deſpenſes
ſomptueuſes ; les mariages , les
teſtamens , les donations , & les
funerailles. Se plaint-on de ces
reglemens ? Allegue-t'on que l'on
oſte la liberté aux hommes de
manger , de ſe veſtir , de ſe marier
& de diſpoſer de leurs biens à leur
fantaiſie ? Et qui eſt-ce qui fait
ſupporter cette contrainte , qui eſt
dure, ſans doute, à la plus-part des
perſonnes qui y ſont ſoumiſes.
C'eſt l'vtilité publique que l'Eſtat
en reçoit , à laquelle il faut que
les particuliers contribuënt , &
qui doit eſtre la fin de celuy qui
gouuerne. Il y a meſme des occa-
ſions où la Iuſtice generale oblige
de faire des injuſtices particulieres, & tout grand exemple , dit
Tacite , a quelque choſe d'inique,
qui eſt recompenſé par l'vtilité
generale

generale de la Republique. Doncques quand mefme on feroit quelque violence à quelques pauures particuliers en les renfermant; N'eft-il pas vray que le profit qui en reuient au public le rendroit licite & loüable? A quoy, repetons-le encore vne fois, les pauures employoient-ils leur liberté? A n'obferuer aucun precepte de l'Euangile ; A ne faire rien de ce que l'Eglife ordonne à fes enfans, à commettre toutes fortes de fourbes, de voleries & de crimes. Quelle liberté eft celle-là qui les rendoit efclaues de toutes leurs paffions & de tous les vices; qui les tiroit de la fujettion à la juftice, qui eft la veritable liberté; qui auiliffoit la dignité de leur eftat, qui en violoit la fainteté , qui les priuoit du Royaume des Cieux qui leur appartient , & qui commençoit dés cette vie leur mal-heureufe feruitude de l'enfer, fous le diable & fous le peché? Il eft vray que faint Auguftin dit à chaque Chre-

E

stien, *Fay ce que tu voudras*, mais il demande vne condition, qui est que l'on ayme Dieu, *dilige, & quod vis, fac.* Car quand on a l'amour de Dieu dans le cœur, on y a la vertu, puis que la vertu n'est autre chose, selon ce grand Pere, que l'ordre de l'amour. Et où trouuoit-on des pauures qui aimassent Dieu, qui benîssent son nom, qui fussent soûmis à l'ordre de la Prouidence, qui estimassent à honneur d'estre conformes à son fils, qui méprisassent toutes les pompes, & toutes les richesses du siecle, qui soûpirassent apres les biens eternels, & qui fussent des veritables pelerins en cette vie. Depuis trente ans on a parlé d'vn bon pauure dans Paris, & il a esté consideré comme vn miracle. Cependant tous les pauures, s'ils connoissoient bien la sainteté & les auantages de leur condition, deuroient ressembler à celuy-là qui ne demandoit point, qui estoit presque tousjours en priere, qui menoit vne vie tres-

auftere, & qui nourriffoit & in-
ftruifoit d'autres pauures. Ce n'eft
donc pas ofter la liberté aux pauures que de les renfermer , c'eft
leur ofter le libertinage, l'atheifme
& l'occafion de fe damner. Ie veux
que d'abord ils murmurent, leur
murmure paffera bien-toft , &
quand ils fe verront hors du foin
de chercher leur vie chaque jour,
quand ils feront veftus, quand ils
feront bien couchez, quand ils feront fecourus dans leurs maladies,
ils beniront ceux qui les ont enfermez, & trouueront la perte de
leur liberté bien-heureufe. Les fu-
rieux difent des injures à leurs Medecins , mais leurs Medecins ne
laiffent pas de les traitter, & apres
qu'ils font gueris ils leur demandent pardon de leur folie, & les
remercient de leur cruauté. Desja
l'experience fait voir que ceux que
l'on croyoit deuoir eftre des lions,
font des agneaux, & qu'au lieu de
fe plaindre de leur captiuité , ils
s'y accouftument & la beniffent.

Il eft auanta-
geux aux pauures
d'eftre renfer-
mez.

E ij

On a desja fait vne Million dans
l'Hospital des hommes & des femmes, & Dieu a tellement beny le
trauail des bons Prestres qui s'y
sont employez, que l'on peut dire
qu'il s'est fait vn monde nouueau,
vn monde de lumiere & de pureté,
de ces pauures qui estoient vn
monde de tenebres & de corruption: que des deserts où il ne crois-
soit que des ronces & des espines,
se sont changez en des pleines fer-
tiles & agreables; qu'où sautoient
les Satyres, & où les Lamies des-
couuroient leur sein, pour parler
auec Isaye, là conuersent maintenant les Anges de paix : qu'où le
nom du Seigneur n'estoit pas con-
nu, là il est honoré & inuoqué
humblement. Le lieu où les pauures sont enfermez est beau & spa-
cieux, l'air y est tres-salubre, le lo-
gement est commode, ils ont hon-
nestement à manger ; toutes ces
choses ne sont-elles pas propres
pour rendre leur prison tolerable,
& elles ne peuuent la rendre agrea-

ble tout à fait. On leur permet quelquefois de sortir, pourueu qu'ils en demandent permission, & que l'on soit asseuré que c'est pour quelque sujet honneste. Combien de Monasteres de Religieuses sont-ils plus estroits, plus obscurs, & plus incommodes, où toutefois des filles de condition, & nées parmy les delices, se trouuent recluses, & non pas prisonnieres, si ce n'est de l'amour de leur Espoux? Pour l'hypocrisie & la prophanation des Sacremens, que l'on pretend deuoir estre causées par cette contrainte de demeurer tousjours dans vn mesme lieu, on respond, qu'il n'y a rien de plus libre dans l'Hospital general que la frequentation des Sacremens; qu'on ne la permettra pas mesme trop grande, & que la distribution des choses necessaires à la vie est si égale, que la deuotion n'y mettra point du tout de difference.

Il ne sert de rien non plus d'alleguer que l'Hospital general ruïne-- Response à l'objection que

E iij

l'Hospi-
tal gene-
ral ruine-
ra les au-
tres Hos-
pitaux.
Ch. XI.

ra les autres, & particulierement
celuy que l'on appelle l'Hostel-
Dieu. Car il ne falloit pas par cette raison bastir l'hospital de la Tri-
nité, des Enfans rouges, de la Pitié,
des petites Maisons, ny ceux de la
Charité pour les hommes & pour
les femmes. Toutefois on les a ba-
stis, & depuis leur erection l'Ho-
stel-Dieu n'a pas laissé de subsister,
la charité de Dieu se diuersifie en
mille manieres, parce qu'il y a mille manieres de necessitez où elle
doit pouruoir. Elle pousse les vns
à secourir les malades, elle porte
les autres à secourir les sains. Elle
donnera de l'inclination à ceux-cy
pour l'assistance des Enfans trouuez. Elle fait entreprendre à ceux-
là l'education des petites filles pour
en conseruer la pureté. Il ne faut
donc point craindre que par le bastiment de l'Hospital general, les
autres perissent. Chaque bonne
œuure a vn aymant particulier qui
attire l'aumosne des particuliers;
& de cette façon tous les misera-

bles affiftez. Si chacun ne donnoit
qu'à l'Hoftel-Dieu , que deuien-
droient les autres maifons publiques dont nous venons de parler,
où on entretient vn fi grand nombre de pauures. Certes craindre
que par l'eftabliffement de l'vne,
les autres ne fe ruïnent, c'eft of-
fenfer la Prouidence diuine , qui a
des fonds inépuifables pour le fou-
lagement de tous les miferables.
L'Hofpital general ne touche point
aux taxes qui font fur chaque maifon pour les pauures , & ne pretend point en faire de nouuelles ; il
pretend que la charité cottife chaque habitant, & cette cottifation
ne peut eftre qu'abondante. Car
quand la charité s'eft defpoüillée
de toutes chofes, elle ne croit pas
auoir rien donné , parce qu'elle ne
regarde que celuy pour l'amour
de qui elle donne, de qui elle a tout
receu, & à qui elle veut tout rendre. L'efprit du monde infpire
mille façons differentes de dépen-
fer le bien à ceux qui le fuiuent.

E iiij

Les vns se ruïnent en bastimens, les autres en meubles, ceux-cy en équipage, ceux-là en festins. L'esprit de Dieu au contraire, iuspire à ses Disciples des voyes diuerses de bien employer leurs richesses; & comme toutes les despenses superfluës des mondains forment Babylone, qui sera vn jour destruite auec toute sa pompe; ainsi toutes ces despenses pieuses que font les veritables fideles, composent la celeste Hierusalem, dont Dieu est l'architecte, & qui ne sera jamais renuersée.

*Responsé à vne autre objection; que l'on ne trouuera point de Directeurs qui veüillent se charger du soin de l'Hospital general, qui est tres-laborieux. CH. XII.*

Ceux qui pour prouuer l'impossibilité de la subsistance de l'Hospital general, alleguent qu'à l'auenir on ne trouuera point de Directeurs qui puissent supporter long-temps le trauail de cette conduite, les mauuaises humeurs & les emportemens des pauures, & le mauuais air des lieux où ils habitent, s'interessent fort tendrement en la santé d'autruy, & prennent part en des incommoditez qu'ils

ne fentent point. Mais ceux à qui
Dieu a donné le mouuement de fe
confacrer à cette œuure fi importante à fa gloire, & au falut de fes
membres les plus chers, ont bien
preueu les fatigues où ils s'enga-
geoient. Ce n'a pas efté vn tranf-
port de zele inconfideré, qui leur
a fait entreprendre ce laborieux
deffein, c'a efté vn zele felon la
fcience de Dieu, qui leur a def-
couuert tout ce qu'il y auoit à
fouffrir dans cette entreprife, &
qui en mefme temps leur a donné
vne force nouuelle, & de corps &
de cœur, pour refifter à vn fi grand
trauail. Ils ne s'en pleignent pas,
au contraire, ils s'en loüent. Ils re-
noncent volontiers au repos de
leurs familles. Que dif-je, ils en
abandonnent les affaires auec joye,
pour s'appliquer tout entiers à la
perfection d'vn fi grand deffein, &
font bien perfuadez qu'en fondant
la maifon des pauures, ils eftablif-
fent leurs maifons particulieres, &
principalement celle du Ciel, à la-

quelle feule vn vray Chreftien doit
fonger. Il eft desja mort, dit-on,
trois de ces charitables Directeurs,
de peine & de trauail, mais qui a
jamais pretendu que le foin des
pauures garantift de la maladie &
de la mort ? S'il apportoit ce bien,
ceux qui blafment cette œuure,
feroient tous leurs efforts pour y
auoir part, & ce feroit vne charge
enuiée de tout le monde ; mais
quelle mort peut eftre plus pre-
cieufe deuant Dieu, que celle qui
arriue par les trauaux de la charité ? N'eft-ce pas mourir dans le
baifer du Seigneur ? N'eft-ce pas
fe confacrer foy-mefme dans les
flammes de l'amour diuin ? N'eft-
ce pas donner la plus grande preu-
ue de fa perfection, que de perdre
la vie pour le falut de fes freres ? Y
a-t'il vne vie parmy les tabernacles
des pecheurs, de quelque grandeur, de quelques richeffes, de
quelques plaifirs qu'elle foit ac-
compagnée, qui vaille vne fi dou-
ce & fi honorable mort? Meffieurs

*Iean ch.15.*

les Directeurs qui demeurent au
monde ont en leurs confreres, que
Dieu en a retirez, des intercesseurs
puissans, qui ont nuit & jour les
yeux ouuerts sur l'Hospital general, & qui ne cessent de demander
à Dieu sa protection, pour vne entreprise faite par l'inspiration de
son Esprit, & qui ne regarde que
sa gloire? Les liaisons que la grace
a faites durant la vie entre les fideles ne s'esteignent point par la
mort, mais au contraire, elles se
perfectionnent & deuiennent im-
muables & eternelles. Le soin des
œuures où cette mesme grace les
a engagez continuë dans le Ciel,
mais auec vne tranquillité digne
de l'estat de sa beatitude ; ainsi
Messieurs de saint Firmin, de la
Place, & Gillot, qui se sont offerts
à Iesvs-Christ, comme les
primices de la fondation de l'Hospital general, sont maintenant
liez d'vn nœud plus estroit à leurs
confreres, parce qu'il est plus épu-
ré, & ils perseuerent dans vne puis-

fante follicitude pour fon eftabliffement, de laquelle fans doute on
fentira bien-toft les effets.

Refponfe
à l'obje-
ction du
paffage,
*Semper
pauperes,*
&c.
Ch. XIII.

Ie fçay que le Fils de Dieu dit,
*Vous aurez toufiours des pauures
parmy vous* ; mais dit il Les pauures
mandieront toûjours dans les temples, & dans les ruës ; on les affi-
stera pour les chofes neceffaires
à la vie corporelle, mais on ne
prendra point de foin de leur falut,
on ne trauaillera point à empefcher leurs defordres ; on ne les in-
struira point, on n'en fera point
de vrays pauures qui honorent la
fainteté de leur eftat par l'innocen-

Il y a dif-
ference
entre la
pauureté
& la
mandi-
cité.

ce de leurs mœurs ? Il faut faire
vne grande difference entre la
mandicité, & la pauureté. Celle-
cy eft fainte & fera tousjours dans
l'Eglife, parce qu'elle compofe
fon eftat le plus faint & le plus
euangelique ; mais celle-là a efté
deffenduë par la loy de Dieu, qui
dit en termes formels aux Iuifs ; *Il*

Deut
chap. 15.

*n'y aura point parmy vous des pau-
ures qui mandient, Et omnino indi-*

*gens & mendicus non erit inter vos.*
Car il n'y a point de doute qu'il n'y
euſt des pauures, puiſque par d'autres loix, il pouruoit à leurs neceſſitez. Mais les mendians n'y de-
uoient pas eſtre, à cauſe que la
mandicité publique offençoit la
charité fraternelle qui deuoit regner parmy le peuple de Dieu.
Aujourd'huy meſme les Iuifs ne
mandient point entr'eux, & les
riches ont ſoin d'aſſiſter les neceſſiteux dans tous leurs beſoins.
Dans les Capitulaires de Charle-
magne il eſt deffendu de ſouffrir,
que les mandiens ne vaguent par
les champs, & par les Villes; &
ordonne que chaque Ville nourri-
ra ſes pauures, & que s'ils ne veu-
lent trauailler on ne leur donne
aucune choſe. Le ſecond Concile
de Tours au Canon 5. auoit eſta-
bly le meſme reglement, afin que
les pauures n'euſſent point la fati-
gue de courir de Ville en Ville. *Vt
ipſi paupaures per ciuitates alienas
non fatigentur.* Cét ordre eſtoit

fondé fur la loy des Empereurs nous lifons au Code, qui veut que l'on examine la force du corps, & la vigueur des années en ceux qui font de la mendicité vn gain public, & que s'ils font ferfs de leur condition, celuy qui les découure au Magiftrat en acquiert le domaine. Pie V. dont la memoire fera à jamais en benediction à l'Eglife, dés la premiere année de fon Pontificat, deffendit aux pauures de mandier dans les Eglifes. Il aymoit la pauureté, il l'auoit portée fur la chaire de faint Pierre, & jamais Pape n'a efté vn plus rigoureux difpenfateur du bien des pauures, ny plus fenfible à leurs necefsitez. Toutefois il tafcha d'ofter la mandicité qu'il fçauoit bien eftre injurieufe à l'Eglife Chreftienne, & contraire au repos qui doit regner dans la maifon de Dieu. Saint Charles Boromée qui a fi heureufement reftably la difcipline Ecclefiaftique, fit la mefme deffenfe dans fon premier Concile prouin-

Lib. 1.
tit. 2.

cial. Et qui ofera accufer ce grand
Archeuefque, d'auoir mal-traité
les pauures, luy qui pour les fer-
uir, s'eftoit luy-mefme reduit à
vne extréme pauureté ? mais il
paffa plus outre; car voyant que
les vagabons qu'il auoit nourris
durant la pefte de Milan, apres
qu'elle fut ceffée, couroient fortune de retomber dans les premiers defordres dont il les auoit
retirez; il fonda vn grand Hofpital pour les entretenir, & pour les
faire viure auffi Chreftiennement
qu'auant qu'il en euft pris foin, ils
viuoient auec fcandale : Les Mila-
nois s'affectionnoient fi fort à cette œuure, qu'en peu de temps la
maifon fe trouua capable de receuoir les pauures de la Ville, & de
la campagne ; & par ce moyen Milan fe trouua foulagée de l'importunité des mandiens.

Saint Thomas faifant la queftion *2.2. queft*
s'il eft permis aux Religieux de *19 7. art. 5*
mandier, conclud que cela leur eft
licite; & dans le corps de l'article,

il dit, que l'on peut considerer deux choses en la mandicité, l'action de mandier qui portant en soy vne abjection de la personne qui la fait, peut estre pratiquée pour acquerir la vertu d'humilité, Et ce qui est gagné en mandiant, à quoy vn homme peut estre porté par le desir d'amasser du bien, ou pour viure dans l'oisiueté, & qu'en ce cas la mandicité est illicite. Apres cét oracle de l'Ange de l'Escole, qui est-ce qui osera dire que la mandicité est de droit naturel, & qu'on la viole en renfermant les pauures? Il est vray qu'il est permis dans la necessité de demander, mais l'establissement de l'Hospital general oste cette necessité, & donne les choses necessaires aux pauures sans qu'ils les demandent. Enfin nous auons la decision formelle de l'Apostre, qui dit nettement aux Thessaloniciens, *Que celuy qui ne veut point trauailler, ne mange point.* Il se propose pour exemple, & les fait souuenir, qu'il a trauaillé

2. aux Thess. ch. 5.

jour

jour & nuit pour n'estre à charge
à personne. Or si le Docteur des
nations, qui seruant à l'Autel ne
s'est pas voulu neantmoins seruir
de ce droit; S'il admoneste quelques Ministres Euangeliques de
trauailler en silence, & de manger
le pain qu'ils gagneront sans exci-
ter des murmures; auroit-il souf-
fert dans l'Eglise, des mandians oi-
sifs, qui n'eussent fait que blasphe-
mer le nom de Dieu, & dont la vie
eust esté toute payenne ? Pourquoy
prenoit-il tant de soin des pauures
qui estoient dans Ierusalem? Pourquoy se rend-il le porteur des aumosnes amassées dans les Eglises
de Macedoine, de l'Asie, & de Co-
rinthe, sinon pour les empescher
de mandier ? Quand ie parle de
cette sorte de la mandicité, ie ne
pretends point toucher celle des
Religieux que l'Eglise approuue,
& qui n'est point de la nature de
celle dont ie traite, que toutes sortes de loix condamnent. Celles de
nos Roys sont si expresses en cette

F

matiere que ie ne me puis diſpen-
ſer de les rapporter tout du long.

Ordon-
nance de
François
I. contre
les man-
dians.

François premier par ſon Ordonnance de l'an 1536. veut que les
mandians valides ſoient contraints
de trauailler pour gagner leur vie,
& qu'où il y aura defaut ou abus de
leur part, chacun les puiſſe prendre, ou faire prendre, & les mener
àl a prochaine Iuſtice, pour les pu-
nir & corriger publiquement de
verges & foüets, & meſme par
banniſſement de leur perſonne, à
temps ou a perpetuité.

Henry II.

Henry ſecond, par ſon Ordonnance de l'an 1547. faite à ſaint
Germain en Laye, ordonne au Pre-
uoſt & Eſcheuins de Paris, de
dreſſer des œuures publiques en
deux ou trois lieux de la Ville;
apres quoy il ſera proclamé à ſon
de trompe & cry public, que toutes perſonnes, ſoit hommes ou
femmes, valides & puiſſantes,
ayent à ſe retirer auſdits lieux
pour y trauailler auec ſalaire rai-
ſonnable, leur deffendant de ne

plus quester ny mandier par les
ruës, portes des Eglises, ny autrement en public, sur peine quant
aux femmes, d'estre foüettées &
bannies de la Preuosté de Paris, &
quant aux hommes d'estre en-
uoyez aux galeres, nonobstant op-
position ou appellation quelcon-
que. Le mesme Prince par vne autre Ordonnance en l'an 1554. ordonne vne grosse somme de deniers estre employée aux fortifica-
tions & reparations des places
frontieres de son Royaume, pour
donner moyen de viure à vn grand
nombre de pauure peuple accou-
stumé au trauail, dont les maisons
& heritages ont esté gastez sur la
frontiere ; enjoignant au Lieute-
nant Criminel de contraindre tous
valides à se retirer & soy employer
esdites reparations & autres ouurages, par le moyen desquels ils
ne demeurent vagans par les che-
mins: Et où apres le temps qui leur
aura esté prescrit, on en trouuera
aucuns tant és villes que plat pays,

qui soient accoustumez à l'oisiueté, sous ombre de mandicité, ils
seront apprehendez & enchaisnez,
si besoin est, deux à deux, pour
estre employez sous bonne & seu-
re garde aux lieux desdites fortifi-
cations. En l'article 6. de la mesme
Ordonnance, il est deffendu aux
Abbayes, Prieurez, Chapitres &
Colleges, de faire des aumosnes publiques, d'autant qu'elles
estoient occasions d'attraire les valides, & de les destourner de trauailler; & ordonne qu'ils seront
tenus bailler & fournir en deniers
à la Paroisse en laquelle les Benefi-
ces sont assis, la valeur desdites aumosnes publiques.

Charles IX. 1566.   Charles IX. dans les Estats de
Moulins, ordonne de mesme que
les pauures de chaque ville, bourg
& village, seront nourris & entre-
tenus par ceux de la ville, bourgs
ou village, dont ils sont natifs ou
habitans.

Henry III. 1586.   Henry III. par son Ordonnance du 22. May de l'année 1586. esta-

blit le mesme reglement. Ce qui
fait voir clairement que nos Roys
n'ont pas creu faire vne action d'in-
humanité empeschant la mandicité publique, & contraignant sous
des peines si seueres les pauures
qui sont valides, de trauailler aux
ouurages qui sont publiques. De
cette sorte l'Hospital general ne
peut plus estre consideré comme
vne inuention nouuelle, mais plustost comme l'execution des loix
du Royaume. Ie pourrois rappor- Arrests
ter plusieurs Arrests du Parlement du Parle-
de Paris qui font les mesmes def- ment de
fenses ; mais ie me contente de re- Paris.
marquer que par celuy du 3. Iuin
1532. il fut fait deffense à tous valides & puissans pour gagner leur
vie, de se trouuer où on fait les aumosnes publiques, sous peine d'e-
stre foüettez par les carrefours de
la ville.

Qui est-ce qui osera accuser ces
Ordonnances de cruauté ? & de
traitter en esclaues des hommes libres, & racheptez du Sang de

Iesvs-Christ? Nos Princes par la fondation de tant d'Hospitaux dans les grandes Villes de leur Royaume, ont bien tesmoigné qu'ils aymoient les pauures, & qu'ils les regardoient comme les membres les plus precieux du Fils de Dieu. Mais ils ne mettoient pas en ce rang les gueux, qui pouuant seruir leur pays demeuroient dans vne vie oisiue & corrompuë par toutes sortes de vices. La nature leur auoit donné l'exemple de cette conduite dans la Republique des abeilles, où les mousches qui trauaillent à faire le miel, chassent les freslons de leurs ruches, qui ne trauaillent point, & qui mangent le trauail des autres. Platon ayant estudié cette merueilleuse police veut que le Legislateur fasse cette loy dans la sienne. *Que personne ne soit mandiant dans nostre Ville, & que ceux qui prendront ce train de vie, qui par des prieres pitoyables amasseront des aumosnes en soient chassez par les Edi-*

*Lib. 11. de legib.*

les, & de tout le territoire par les
Magiſtrats qui en auront le ſoin, afin
que tout le quartier ſoit deliuré de
cette beſte dommageable. En vn autre endroit il les nomme artiſans
de tous les vices, & dit qu'en la
Cité où ils ſe trouuent, il y a tous- *Lib. 1. de*
jours des ſacrileges & des meſ- *Repub.*
chans, que les Magiſtrats tiennent dans leur deuoir par la diligence & par la force. L'ancienne
Rome ne ſouffroit pas que les pauures gueuſaſſent dans ſes ruës, ny
dans ſes Temples, & elle les auoit *Plinius,*
releguez à vne de ſes portes. Vale- *lib. 14.*
re Maxime parlant de la Republi-
que des Marſeillois, dit, qu'ils n'y
ſouffroient pas qu'aucun ſous pretexte de religion y cherchaſt ſa vie,
& qu'ils fermoient leurs portes à
ces faineans qui vouloient couurir
leur oyſiueté du voile d'vne ſuper-
ſtition fauſſe.

Certes ſi la charité des Chreſtiens eſtoit telle qu'elle doit eſtre,
& qu'elle eſtoit à la naiſſance de
l'Egliſe, comme nous auons dit, il

n'y auroit point de pauures mandians, parce qu'ils seroient secourus comme les membres d'vn mesme corps, qui doiuent estre soi-
gneux de leur conseruation reci-
proque. Pourquoy donc trouuera-
t'on mauuais que cette charité si
long-temps estouffée dans Paris,
se reueille & se rechauffe, & qu'elle entreprenne d'empescher la ruïne de ses membres qui sont si chers
au Fils de Dieu? C'est mieux auoir
les pauures parmy nous, de les
auoir dans vne mesme maison que
de les voir seulement dans les ruës
ou aux portes des Eglises ; où ils
nous accablent de leurs cris, &
nous donnent horreur de leurs
personnes par ces playes insuppor-
tables dont ils se couurent. Car on
peut maintenant les trouuer à toute heure, s'informer de leurs be-
soins, les assister, les consoler, les
instruire & les corriger. C'est la
veritable aumosne dont ils ont besoin. C'est celle qui n'est point
suspecte ny de tendresse naturelle,

ny

ny de depit, ny d'enuie de se deliurer d'importunité, comme sont
celles que l'on faisoit aux mandians dans les places publiques. Elles n'alloient pas au soulagement
de leurs miseres, mais à l'entretien
de leur oisiueté & de leur desbauche. Ils n'espargnoient rien pour
le lendemain, & le soir ils consu-
moient tout ce qu'ils auoient receu le long de la journée, de ceux
qui croyoient bonnement qu'ils
mouroient de faim. Mais aujour-
d'huy chacun peut s'asseurer que
son aumosne fournira veritablement à la nourriture du pauure
pour sa necessité, selon les regles
de la sobrieté Chrestienne, & ce
qui autrefois ne pouuoit pas suffire
à vn suffira à trois, par le bon mé-
nage qui se fera de toutes choses.

Les pauures estant nez tels, ou
estant reduits à cette condition par
l'ordre de la Prouidence, ne doiuent pas songer à viure ny abon-
damment, ny delicieusement. Le
mauuais riche dans l'Euangile n'est

Response
à l'obje-
ction, que
les pau-
ures sont
mal trai-
tez dans
l'Hospi-
tal gene-
ral.
Ch. XIV.

G

pas enfeueli dans les Enfers, parce qu'il n'auoit pas fait manger auec luy le pauure qui eftoit à fa porte; mais parce qu'il ne luy auoit pas donné les miettes qui tomboient de fa table, & que l'ayant laiffé mourir de faim, il l'auoit tué. Ie ne penfe donc pas qu'il y ait des perfonnes affez peu judicieufes pour combatre l'eftabliffement de l'Hofpital general, par la confideration de la mauuaife chere qu'y font les pauures. Ils y ont les chofes neceffaires à la vie, le pain eft bon, on leur donne de la viande, les vieillards & les inualides ont du vin, en voila affez pour la nature. S. Paul dit à tous les Chreftiens, *Ayant dequoy nous veftir, & dequoy manger fuffifamment, foyons contens de cela, & ne defirons rien dauantage.* La vie des premiers Chreftiens d'Alexandrie qui prenoient leur repas enfemble, comme elle nous eft décrite par Philon le Iuif, eftoit encore plus auftere que celle des pauures enfermez. Il y auoit tou-

1, à T. m. chap. 6.

tefois parmi eux des personnes de
condition , & nourries delicate-
ment. Mais ils ne font pas, dit-on,
accouftumez à cette fobrieté, mais
il faut les defaccouftumer de leurs
yurongneries & de leurs excés,qui
caufoient tant de fcandales. La neceffité qui force l'homme à faire
des chofes honneftes eft heureufe ,
& plus auantageufe que la liberté
de viure dans la diffolution. La conduite des pauures dans l'Hofpital
general eft pleine de douceur & de
charité. On n'y pratique aucune
des rigueurs dont les pauures
auoient pris l'allarme , & fi on en
a chaftié quelques-vns, c'a efté par
la neceffité indifpenfable d'entretenir l'ordre eftably pour la difcipline de la maifon, & pour faire
que la crainte de la peine les épou-
uantant tous, la peine ne tombaft
que fur fort peu de perfonnes.

Il me femble que j'ay répondu
à toutes les objections que l'on
peut faire contre l'eftablifement
de l'Hofpital general, & qu'apres

cela il ne peut plus y auoir de personnes, ie ne diray pas pieuses,
mais equitables, qui ne soient per-
suadées que cette œuure est non
seulement licite, mais qu'elle est
sainte, vtile, & absolument necessaire, soit que l'on regarde la gloire de Dieu, qui estoit offensée par
la mauuaise vie des pauures ; soit
que l'on considere les pauures
mesmes qui seront secourus de-
sormais d'vne maniere constante
& asseurée, & pour les necessitez
du corps & pour celle de l'ame ;
soit que l'on ait égard au bien de
la societé ciuile, de laquelle on
bannit d'estranges desordres que
faisoient les mandians, & à la
commodité des habitans de Paris,
qui n'en seront plus importunez.
Mais auant que d'acheuer cette seconde partie, ie doy remarquer
que le bruit de cét establissement
qui s'est respandu dans les Prouinces, y a prouoqué plusieurs habitans des meilleures Villes de
France, à vne sainte émulation

d'en faire vn semblable , & qu'ils
ont écrit à Paris pour en auoir le
plan & les reglemens. C'est de
Paris que toutes les inuentions du
luxe & de la volupté se répandent
dans la France; & n'est-il pas juste
que si d'vn costé cette grande Ville est vne source de corruption,
de l'autre elle donne l'exemple de
la charité pour les pauures de I e-
s v s-C h r i s t ? Que ce soit d'elle que sorte la reforme de cette
nation , qui jusques icy a esté la
delaissée , la rejettée , & la cor
rompuë, qui estoit assise dans l'ombre & la region de la mort, & à
qui le soleil de la verité ne faisoit
ny voir sa lumiere, ny ressentir sa
chaleur.

# TROISIESME PARTIE.

LesChrestiens sont obligez de contribuer à la subsistance de l'Hospital general par l'amour qu'ils doiuent porter à I. C. pauure. CH. XV.

IL ne me reste maintenant, chers Parisiens, qu'à vous representer les raisons qui vous obligent à contribuer à la subsistance de cét Hospital qui vient d'estre establi, & la premiere est la mesme qui a fait faire l'establissement. Car si vous aymez IESVS-CHRIST, comme sans doute vous l'aymez; ne deuez-vous pas contribuer tout ce qui dépend de vous pour faire que l'estat de la pauureté qu'il a voulu choisir pour luy, pour sa sainte Mere, pour ses Apostres, pour ses seruiteurs, & qui est le plus conforme à l'esprit de l'Euangile, soit restabli en sa dignité & en sa pureté : Et n'est-ce pas ce qui se doit attendre de la demeure des pauures dans vne mesme maison, où l'ordre, dont nous auons parlé, est establi. Vous penseriez manquer, & vous manqueriez en effet à l'amour de vostre patrie

& de voſtre Roy, ſi pouuant par
quelque petite contribution, pro-
curer la paix, ou quelque grand
auantage de l'Eſtat, vous refuſiez
de le faire. Vous ſçauez les de-
ſordres que cauſoient les mandians dans l'Egliſe & dans l'Eſtat;
Vous eſtes conuaincus que l'on y
remedie en les renfermant ; Se-
roit-il poſſible que vous euſſiez
tant d'indifference pour la gloire
de voſtre Redempteur, pour l'honneur de voſtre Mere, pour le bien
de la Republique, pour voſtre
propre repos, & pour le ſalut de
vos freres, que vous ne vouluſſiez
rien contribuer à la conſeruation
de toutes ces choſes ? Quand vous
auez des enfans fous, ou des pa-
rens qui ſont neceſſiteux, vous les
enfermez, & vous vous cottiſez
pour trouuer leur ſubſiſtance, s'ils
ſont pauures, parce qu'il y va de
l'honneur de la famille ? Et vous
ne vous ſouuenez pas de l'honneur de la famille du Fils de Dieu?
Et vous donnerez ſujet à ſes enne-

G iiij

mis de vous demander où est vostre Dieu ? où est cette foy en IESVS-CHRIST, dont vous vous vantez ? Si vous croyez qu'il est venu au monde comme vn pauure, & qu'il a vescu dans la pauureté, ne deuriez-vous pas quitter vos biens pour luy ressembler, ou du moins, pouuez-vous sans luy faire vne extréme injure, abandonner ceux qui sont pauures comme luy ? Vous trouuez escrit dans vo-stre Euangile, *Donnez & il vous sera donné ; Faites l'aumosne, & toutes choses sont nettes pour vous :* Si vous croyez les paroles de vo-stre Maistre, si vous attendez de luy les biens celestes, si vous auez des souilleures à purifier dans vos cœurs ; pourquoy ne donnez-vous pas vos biens temporels à ceux qui en ont besoin ? Vous dites que vo-stre loy est vne loy toute de chari-té, & vous auez des cœurs de lions pour vos freres qui souffrent, & leurs miseres ne vous touchent point ? Parisiens, si les Turcs vous

*S. Luc, ch. 11.*

parloient de la forte, que leur pourriez-vous refpondre? Certes il faut confeffer qu'ils font vne grande honte aux Chreftiens en cette occafion. Car ils ont vn foin tres-exact & tres-particulier de leurs pauures. Il y a dans toutes leurs Villes des maifons où ils font nourris, & peu de perfonnes de qualité entr'eux meurent fans fonder quelque Hofpital. L'Alchoran ne leur parle en tous fes chapitres, que de la priere & de l'aumofne. Leur charité va mefme jufqu'à pouruoir à la nourriture des chats & des vieux chiens, qu'ils ramaffent dans les ruës, pour leur donner à manger & de la paille fraifche. Ceux qui parmy nous fe font feparez de l'Eglife Catholique, & à qui nous voyons faire l'exercice de leur Religion à nos portes, ne nous donnent-ils pas vn exemple qui vous doit couurir de honte? Il n'y a point de mandians parmy eux, on fait tous les Dimanches vne collecte; & les particuliers, outre cela, fe cottifent pour entretenir ceux qui tombent en neceffité, & qui ne peuuent trauailler. Faut-il que les publicains, & les pecheurs vous precedent dans le Royaume de Dieu? Faut-il que ceux qui n'ont point de veritable foy, vous en monftrent les œuures, & qu'ils vous puiffent dire, Vous nous parlez de voftre foy, où en font les actions?

1. Ep. de S. Iean. Vous dites que vous aymez Dieu que vous ne voyez pas, & vous n'aymez pas vos freres que vous voyez, & vos oreilles n'entendent pas leurs gemiffemens? Et vos cœurs ne font pas touchez de leurs miferes? Imitez, imitez vos ad-uerfaires en ce point, & puifque

*Sicut in omnibus abundatis fide & fermone& fcientia& omni follicitudine infuper & in hoc gratia abundetis 2. ad Cor. cap. 8.* vous abondez en la foy, & en la fcience de la verité, ie vous conjure auffi d'abonder en charité, fans laquelle la foy eft morte, & la fcience ne fait qu'enfler l'efprit. Ie ne vous parle point auec empire, mes chers freres, *Non quafi imperans dico.* Mais ie vous confeille ce que ie croy vous estre vtile. Ie ne vous demande pas que vous vous incommodiez pour faire viure les pauures de l'Hospital general dans l'abondance, & dans l'oysiueté ; mais ie vous conjure de considerer qu'il doit y auoir quelque proportion entre vous & eux. Il faut que puis que Dieu vous a donné toutes choses, & qu'ils n'ont aucune chose, que vostre charité leur fournisse les choses necessaires à la vie.

Les biens au commencement du monde estoient en commun, & il s'en est fait vn partage fort inegal, que l'ordre de la prouidence, le droit des gens, le consentement des peuples, & les loix diuines & humaines ont autorisé. Or il y auroit de l'injustice en ce partage, s'il n'estoit ou plus, ou esgalement commode au genre humain, que la possession commune ; ou du moins s'il estoit tout à fait nuisible aux hommes. Et cela arriueroit sans doute, si les vns possedant tout, & les autres n'ayant rien, ceux-là

*Les biens estoient communs au commencement, & la diuision s'en est faite inegale, afin que les riches secourussent les pauures.*

n'estoient pas obligez, ie dis obligez, de secourir ceux-cy, par vne obligation fondée sur vn precepte. Car autrement comme cette assistance seroit remise à leur volonté, & ne les rendroit coupables d'aucune faute venant à y manquer, la plus grande partie des hommes periroit de misere, tandis que l'autre seroit dans l'abondance, & dans les delices. Dieu a donc mis entre les mains des riches la part du paûure, & quand ils la luy retiennent ils retiennent vn dépost qui leur a esté confié. C'est ainsi que parle l'Ecclesiastique, *Declina pauperi sine tristitia aurem tuam, & redde debitum tuum*; *Preste l'oreille au pauure sans entrer en chagrin, & paye luy ta debte.* Ce dernier terme est tres-considerable, & au commencement du chapitre, le saint Esprit en employe vn autre qui a la mesme force, *Eleemosynam pauperi ne defraudes*; *Ne fraude pas le pauure de l'aumosne.* Si elle estoit vne œuure de simple conseil & de libera-

*chap. 4.*

Il y a obligation de donner l'aumosne.

lité, le pauure ne pourroit pas se
plaindre qu'on l'auroit fraudé.
Car cette façon de parler, dit,
qu'on luy denie ce qui luy appartient. Il n'est donc pas question,
riches de Paris, d'exercer vne vertu, mais de ne commettre pas vn
peché de larcin & d'homicide. Il
s'agit de sçauoir si vous qui feriez
vn affaire d'honneur de rendre le
depost que vos amis vous auroient
confié, vous ne ferez point de
scrupule de nier aux pauures le depost que leur Dieu & le vostre a
mis entre vos mains. Il n'a pas besoin de vous pour les assister dans
leurs miseres, & dans leurs necessitez ; toutefois au lieu de deployer
toute sa puissance, il a voulu vous
admettre à la participation de ses
effets, & secourir les hommes par
les hommes, afin qu'on luy ren-
dist des actions de graces pour les
offices de pieté que l'on verroit en
ses seruiteurs. Enfin il s'agit de
sçauoir si vous voulez tuër ceux qui
ont la mesme nature que vous, qui

ont receu le mefme Baptefme, qui
font nourris de mefme pain cele-
fte, qui ont la mefme efperance
d'vn mefme Royaume. Car fi vous
ne les nourriffez, les faints Peres,
vous crient que vous les auez tuez,
*Non pauifti, occidifti.*

Ces raifons touchent generale-
ment l'affiftance de tous les pauures, ie l'auoüe ; mais fi elles vous
obligent de les fecourir en particulier, ne vous obligent-elles pas
de faire la mefme chofe quand on
les a raffemblez en vne mefme
maifon ? Pourriez vous croire que
parce qu'ils ne demandent plus ny
à boire, ny à manger, ny dequoy
fe veftir ; vous ne foyez plus tenus
de les pouruoir de toutes ces chofes ? Ne fçauez-vous pas qu'ils en
ont befoin ? N'eftes-vous pas conuaincus qu'elles leur feront mieux
difpenfées dans la vie commune
qu'ils meinent à prefent, que
quand ils viuoient en particulier ?
N'eftes-vous pas affeurez que vous
ne nourriffez plus des vagabons,

*On doit en particulier affifter les pauures renfermez dans l'Hofpital.*

des voleurs, des blasphemateurs, des yurongnes, & des impies? Ne comptez vous pour rien de n'en estre plus importunez dans les Eglises? De ne souffrir plus leur puanteur? De n'entendre plus leurs blasphemes? De n'ouyr plus parler de leurs friponneries, & de leurs desbauches? Voudriez-vous bien profiter de la commodité publique? Voudriez-vous bien faire vn profit honteux de la charité de vos concitoyens? Voudriez-vous bien espargner ce que vous donniez tous les jours à vos portes, quand on vous offre le moyen de donner vtilement, & pour vous, & pour les pauures?

Ne me respondez pas, ce que *Ser. 11.* faint Ambroise dit que les riches de son temps luy respondoient, quand il leur parloit de faire l'aumosne. La pauureté est generale, personne n'a plus de bien, les impositions publiques, les tailles, les malheurs de la guerre ciuile, & estrangere, l'interruption du com-

Mauuaises excuses des riches pour ne pas faire l'aumosne. CH. XVI.

merce, les banqueroutes, nous
oftent la meilleure partie de noftre reuenu, à peine auons nous
dequoy fatisfaire à la defpenfe où
noftre condition nous oblige. Ic
demeure d'accord de toutes ces
chofes, mais examinons fi ce ne
font point des excufes de peché
pour couurir la veritable dureté
de vos cœurs. D'où penfez-vous
premierement que vienne cette
ruïne, generale fous qui tout le
monde eft abbatu ? Ce n'eft pas
feulement de la guerre ; car elle
s'eft faite autrefois auec autant, ou
plus de fureur, qu'elle ne fe fait
aujourd'huy, & les charges publiques n'eftoient pas fi grandes, ny
la France fi ruïnée ? Il faut donc en
chercher vne autre caufe. Et quelle peut-elle eftre que le mauuais
vfage du bien que font prefque
toutes fortes de perfonnes? Quand
eft-ce que le luxe a commencé à
fe deborder dans Paris? C'a efté
quand on a fait ces grandes affaires qui apportoient plufieurs
millions.

millions. Car comme les richés
de Paris y participoient, ou par
l'achapt de ces nouuelles denrées, ou par le prest qu'ils faisoient
de leur argent à des interests ex-
tremement gros, chacun a pris de
nouuelles mesures sur son reuenu, qui s'est plus que doublé, &
de là est venuë la dissolution en bastimens, en meubles, en équipage, & en festins. Il y a eu fort peu
de personnes qui en ayent redou-
blé leurs aumosnes, Dieu ne voulant point de ces offrandes soüil-
lées, & teintes du sang du peuple. Cette sorte de bien, par la
reuolution & la decadence des affaires, est venuë à diminuer, & le
bon qui s'est trouué auec le mauuais a couru la mesme fortune.
Il ne faut donc pas alleguer vne
despense somptueuse, & fondée
sur vne mauuaise cause, pour
vne excuse valable de ne point
faire l'aumosne; mais au contraire, il la faut faire pour conseruer le bien qui vous reste, & pour

H

expier le mauuais vfage de ces biens mal acquis que vous n'auez plus.

Mais confeffez la verité, encore que vos reuenus foient diminuez, voftre luxe n'eft-il pas tousjours dans l'excez? Vos maifons font-elles moins dorées? Y a-t'il moins de riches tapifferies, moins de lits fuperbes, moins de tableaux rares, moins de vafes precieux, moins de cabinets magnifiques? Et croyez-vous que le Chriftianifme vous permette toutes ces chofes inutiles, & qui font au deffus de la condition de la plufpart? A quoy vous feruent-elles qu'à contenter vos yeux, qu'à flater voftre curiofité, qu'à monftrer voftre vanité? Qu'eft-ce que la concupifcence des yeux, que faint Iean dit eftre vne des fources de tous les pechez qui fe commettent dans le monde, finon celle dont ie parle, qui vous domine fi cruellement? Qu'eft-ce que cette pompe, finon la pompe du monde, à laquelle

1. Ep.
chap. 1.

vous auez renoncé en voſtre ba-
pteſme? Encore s'il n'y auoit point
de pauures dans Paris, vous pourriez dire que vous ne ſçauez à
quoy employer voſtre reuenu?
Mais voila l'Hoſpital general où
les pauures ont beſoin de lits, de
draps, de couuertures, d'habille-
mens, & vne ſeule de vos tapiſſe-
ries ſuffiroit pour fournir toutes
ces choſes. Vrie ne vouloit pas
coucher dans ſa maiſon, parce
que l'Arche du Seigneur & ſon
General eſtoient dans l'armée, &
ſous les tentes; & vous dormirez
dans des chambres magnifiques,
dans des lits precieux, dans des
draps delicats, au milieu des par-
fums, ſans vous informer ſeulement ſi IESVS-CHRIST, qui
eſt l'Arche viuante de Dieu, cou-
che en la perſonne des pauures, à
l'air, & ſur le paué? Ie ne vous demande pas que vous vendiez tant
de meubles ſuperflus; ie veux
m'accommoder dauantage à voſtre foibleſſe; mais j'ay droit d'e-

xiger de vous, que viuant dans la
delicatesse, vous ne laissiez pas perir de misere ceux qui sont les
membres de vostre Sauueur.

Il en deuroit estre de vous, chers
Parisiens, comme des enfans d'Israël, lors que Moyse entreprit le
bastiment du Tabernacle. On luy
apporta tant d'or & d'argent, & de
pierres precieuses, qu'il fut con-
traint de faire crier que l'on ne fist
plus aucunes offrandes, mais les
femmes rendirent particulierement leur pieté recommandable,
donnant leurs miroirs de cuiure,
dont on fit cette grande cuue où
les Prestres lauoient les victimes
auant que de les offrir à Dieu.
L'Hospital general peut bien estre
appellé le tabernacle du Seigneur,
puis qu'il est la retraite de ses enfans, & des membres de son Fils,
où ils l'adorent en esprit & verité.
On le bastit, & tous les Curez
dans les Paroisses vous sollicitent
d'y contribuer selon vos forces.
Mais, helas! combien y en a-t'il que

leurs exhortations ne touchent
point ? Où font les femmes qui
ont apporté quelque piece de leurs
cabinets, ou de leurs chambres,
qui ne feruent qu'à leur vanité,
non pas pour en faire vn lauoir à
nettoyer les victimes, mais pour
empefcher que les membres de
leur Sauueur ne periffent de faim ?
Mais fçauent-elles bien que Dieu
ne les juge pas dignes de contribuer à leur nourriture ? Il leur
feroit vne grande grace s'il leur
infpiroit le deffein de fe deffaire de
tout cét attirail de la pompe du
fiecle, & de le brufler dans le feu
de la charité ; ie veux dire de l'employer pour les pauures. Elles ne
meritent pas cette faueur, & fa juftice ordonne qu'elles meurent
dans l'amour de ces chofes vaines
& fuperfluës, qui fera leur condamnation. Car que pourront-
elles refpondre à leur Iuge quand
il leur dira ; I'ay eu faim, & vous *s. Matth.*
ne m'auez point donné à manger. *chap. 25.*
I'ay eu foif, & vous ne m'auez

point donné à boire. I'ay efté nud,
& vous ne m'auez pas veftu. Di-
ront-elles, Seigneur, quand auez
vous eu faim? quand auez-vous eu
foif, quand auez-vous efté dans la
nudité? il leur refpondra, Et pouuez-vous ignorer qu'il y auoit aux
portes de Paris vn Hofpital où ie
fouffrois toutes ces incommoditez
dans mes pauures? Ne fçauiez-
vous pas bien que les affifter, c'e-
ftoit m'affifter moy - mefme? Di-
ront-elles, nous n'auons pû ny
vous donner à manger, ny vous ha-
biller. Si elles eftoient affez effron-
tées pour alleguer cette mauuaife
excufe, ne leur reprocheroit-il pas
les tables delicieufes, '& ces meubles fuperflus contre lefquels ie
parle? N'aura-t'il pas raifon de fe
mocquer d'elles, & de leur dire:
Adreffez-vous à vos miroirs, à vos
plaques, à vos chandeliers, à vos
cabinets, à vos caffoletes, à vos tapifferies;& voyez fi par leur moyen
vous pourrez vous rachepter de la
condamnation que ma juftice va

prononcer contre vous. O qu'en cette extremité épouuantable, qu'elles feront confuses, & qu'elles regretteront de n'auoir pas facrifié quelque meuble de vanité à l'entretien des pauures de Iesvs Christ, qui les eussent receus dans les Tabernacles eternels, & flefchy la colere de leur Iuge , que leur dureté a si outrageusement offensé ! Elles connoistront , mais ce sera trop tard , que les Directeurs qui les ont entretenuës dans cette façon de viure si vaine & si voluptueuse, ont esté des aueugles qui les ont conduites dans vne fosse, d'où ils ne les peuuent retirer, & que ceux qui leur conseilloient de quitter ce faste , à peine pardonnable à des Payennes , estoient de veritables guides qui les vouloient faire marcher par le chemin estroit de l'Euangile, lequel les eust conduites à la vie. Mais en parlant de cette forte, ie dois reconnoistre qu'il y a beaucoup de Dames dans Paris , qui à l'exemple de Marie ont parfumé le corps du Sauueur, ie veux dire, qui ont donné de gran-des sommes d'argent, qui ont sol-licité les autres, & qui ont trauail-lé de leurs mains pour faire les che-mises, les draps, & les habille-mens des pauures. Ie mettrois vo-lontiers icy les noms de toutes, mais leur modestie me le deffend, & elles fuyent autant les yeux des hommes pour leurs bonnes œu-ures, que les meschans pour les mauuaises. Dieu qui est infini-ment riche en misericordes, ne se laissera pas vaincre par elles en bien-faits: Elles luy ont presté à vsure, quand elles ont secouru ses pauures, & il leur payera cette vsure au centuple; & dés cette vie il leur fera voir que le sein des pauures est vne terre fertile, qui rend mille grains pour vn que l'on y jette, & qui semble estre perdu. Mes freres, ie ne voudrois pas vous porter à faire l'aumosne par la consideration de cette retribu-tion temporelle que Dieu ne man-que

que point de faire dés cette vie. Car
ie desire que puis que vous estes
Chrestiens, vous la fassiez chrestien-
nement, c'est à dire, par le motif de
l'amour que vous deuez à celuy qui
estant riche de tous les thresors de la
Diuinité, s'est fait pauure pour vous *2. aux*
enrichir. Mais si vous ne pouuez pas *Cor. ch. 8.*
agir sans interest, songez que si les
pauures vous demandent des choses
temporelles, vous demandez à Dieu,
outre ces mesmes choses, les biens
eternels. Or il ne vous veut donner
ny les vns, ny les autres, qu'à proportion de ce que vous donnerez, *Date* *S. Luc,*
*& dabitur vobis.* Dans le troisiesme li- *chap. 6.*
ure des Roys, nous lisons vn exemple
admirable de la recompense temporelle de l'aumosne. La famine deso-
loit la terre d'Israël & le Prophete
Elie se sentit de ce fleau comme les
autres, encore que ce fust luy qui par
sa parole eust fermé le Ciel pour trois
ans. Il y auoit beaucoup de personnes
riches dans ce Royaume qui pouuoient le nourrir aisément, mais Dieu
voulut qu'il s'adressast à vne pauure

I

femme qui n'auoit plus qu'vn peu de farine, & vn peu d'huile, dont elle alloit faire vn gaſteau, apres quoy il falloit qu'elle & ſon fils mouruſſent de faim. Le Prophete luy ordonne de luy apporter à manger, auant que d'en gouſter, ny d'en donner à ſon fils; elle obeït ſans raiſonner, & ſans luy demander qui il eſt, de la part de qui il luy fait cette demande, ny dequoy elle viura elle-meſme, mais elle ne perdit pas la charité qu'elle eut pour luy. Car les vaiſſeaux où eſtoient ſa farine, & ſon huile, furent remplis durant le temps de la famine, & la miſericorde de Dieu, dit S. Chryſoſtome, entrant en combat auec ſa charité, celle-cy fut enfin victorieuſe par la continuation d'vn miracle. Il faudroit que tous les Chreſtiens eſcriuiſſent les paroles de cette veuue, &

Hom. 53.

ſon exemple, ſur les murailles de leurs maiſons, & dans les lieux où ils mangent, où ils dorment, où ils conuerſent, pour les auoir toûjours deuant les yeux. *Cette femme*, dit S. Cyprien,

Lib. de op. & eleemoſ.

*n'oſta pas à ſes enfans ce qu'elle donna à*

*Elie, au contraire ſes enfans reçeurent*
*le fruit de la benignité qu'elle exerça*
*pour le Prophete. Et toutefois elle igno-*
*roit le nom de* IESVS-CHRIST *elle*
*n'auoit point entendu ſes Apoſtres, elle*
*n'eſtoit point obligée de rendre à* IESVS-
CHRIST *vn peu de pain, & de viande,*
*pour le corps & le ſang qu'il auoit offert*
*pour elle ſur la Croix.* De-là on doit
juger combien grand eſt le peché
d'vn Chreſtien qui ſe preferant ſoy-
meſme & ſes enfans à IESVS-CHRIST
garde ſes richeſſes, & ne fait point de
part de ſon patrimoine qui eſt ample,
aux pauures qui manquent de toutes
choſes. Ie pourrois alleguer beaucoup d'exemples des miracles faits en
faueur de l'aumoſne, & les benedi-
ctions viſibles que Dieu a reſpanduës
ſur les familles de ceux qui l'ont pratiquée; mais celuy que j'ay choiſi
dans l'Eſcriture ſainte peut ſuffire, &
on n'en peut ſoupçonner la verité,
ny en nier les conſequences que ſaint
Cyprien en tire, ſans eſtre vn infidele
dans la maiſon de Dieu, comme il dit
luy-meſme. *Quid facit in domo Dei*

*infidum pectus, quid qui Christo omnino non credit, appellatur & dicitur Christianus? Pharisæi magis tibi congruit nomen.* Pourquoy appelle t'on Chrestien celuy qui n'adjouste pas vne foy entiere à IESVS-CHRIST? *Le nom de Pharisien luy conuient beaucoup mieux.* Car il est dit dans l'Euangile, que les Pharisiens l'entendant parler de l'aumosne, se mocquoient de luy, parce qu'ils estoient auares. *Recueille donc,* dit saint Ambroise, *les fruits abondans de ton argent, l'entends les prieres des pauures, les intercessions des Saints, qui se souuenant de tes deuoirs que tu oublies si aisément, appaisent la colere de ton juge, luy presentant les aumosnes qu'ils auront receuës de toy.*

Si vous estiez dans vn vaisseau agité de la tempeste, & qu'il fallust pour sauuer vos personnes, jetter tous vos meubles, & toutes vos marchandises dans la mer, ie suis asseuré que vous en prendriez bien-tost la resolution. La France est vn grand vaisseau que l'orage de la guerre bat depuis plusieurs années, qui s'est veu bien

*S. Luc, chap. 16.*

*Serm. 81.*

proche de perir par ses dissensions
ciuiles, & qui ne peut éuiter vn nau-
frage entier si Dieu ne luy donne
bien-tost la paix Il y a vn secret pour
empescher ce mal-heur, c'est de jetter quelqu'vne de ces choses superfluës qui prouoquent la colere diuine, dans l'Hospital general, & par
cette heureuse perte, d'empescher
celle de tout le reste. Car ce que vous
gardez, vous le gardez peut-estre
pour vn pillage, peut-estre pour vn
embrasement, & alors vous serez
confondus par les Idoles que vous aurez adorées. Vous les verrez empor-
ter, vous les verrez reduites en cen-
dres, & le regret de leur perte sera le
commencement des morsures de ce
ver qui vous deuorera eternellement
dans les enfers. L'Hospital general est
vne banque ouuerte jour & nuit à
tout le monde, où les petites sommes
profitent aussi-bien que les grandes.
Iesvs-Christ vous dit à tous, *Ne-*
*gotiamini dum venio*; *Faites vn saint*
*commerce jusqu'à ce que ie vienne.* Donnez vn peu de terre cuitte par le So-

*Is. chap. 4.*

*S. Luc,*
*ch. 19.*

leil, qui s'appelle or & argent, pour
acheter la terre des viuans, dont
Dieu eft le Soleil, & dont les habitans viuront aux ficcles des ficcles.
Ce n'eft pas IESVS CHRIST feul qui
comme la clef de Dauid ferme, &
perfonne ne peut ouurir ; ouure &
perfonne ne peut fermer; fes pauures
ont part à ce priuilege ; & quand ils
ouurent le Ciel aux riches, il n'y a
rien qui le leur puiffe clore. La foy
en eft le chemin, l'efperance y fait
marcher, mais la charité qui eft la
mere de l'aumofne a la difpofition des
portes. Elle y eft receuë, & elle y fait
receuoir tous ceux qui portent fes
marques. C'eft la Reine de ce Royaume qui peut y introduire les autres
vertus, comme les fuiuantes, & qui
n'y entrent jamais qu'à fa fuite. Enfin
S. Auguftin dit que le pauure eft le
chemin du ciel, & qu'il faut leur donner l'aumofne, fi on ne veut s'égarer.

*via cæli eft pauper incipe erogare, fi non vis errare. Ser. 25. de verbis Domini.*

Il n'y a point de difpenfe du fecond
precepte qui nous oblige d'aymer noftre prochain comme nous-mefmes.
C'eft fur cét amour que tous les faints

*Que l'au- mofne fe doit faire prompte-*

Peres fondent l'obligation & la maniere de faire l'aumosne aux pauures.
Que voudriez-vous, riches, que l'on
vous donnast si vous estiez enfermez dans l'Hospital general? Toutes
les choses necessaires à la vie. Vous
ne trouueriez pas bon que l'on vous
les fist long-temps demander & que
l'on vous les donnast en rechignant.
Voyla vostre regle, & qui est autant immuable que Dieu mesme.
Vous auez en vous la forme de la
misericorde que vous deuez exercer
vers vos freres. Vous n'auez besoin
que de vostre propre cœur, qui est vn
precepteur domestique & irrepro-
chable de la benignité qu'ils atten-
dent de vous. Mais si vous ne l'entendez pas comme vn precepteur de charité durant cette vie, vous serez con-
traint d'entendre ses reproches à
l'heure de la mort, comme d'vn tes-
moin qui accusera vostre cruauté, &
sur le tesmoignage duquel vous serez jugez. Ne dites pas, dans quelque
temps nous ferons l'aumosne, il faut
que ce soit tout à l'heure. C'est le

*ment.*
CHAP.
XVIII.

*Homo esto tibi mise-ricordiæ forma, si quomodo vis, si quantum vis, quàm citò vis, misericor-diam tibi fieri: tam citò aliis, tantum, taliter, ipso miserere.*
*P. Chrysol. ser. 45.*

S. Esprit qui vous l'ordonne dans les Prouerbes. *Ne dis pas à ton amy, va-t'en & retourne, ie te donneray demain ce que tu me demandes, quand tu le luy peux donner sur le champ.* Ces pauures sont ceux dont tu dois faire tes vrays amis en leur distribuant la mammone d'iniquité. Doncques, comme vous auriez honte de renuoyer vn de vos amis selon la chair & le sang, quand vous le pouuez assister dans vn besoin pressant; ne remettez point le secours de vos amis spirituels au lendemain ; car peut-estre ils seront morts demain par le delay de vostre aumosne; & voulez-vous estre coupables de cét homicide ? Quand il se presente vne occasion de faire quelque gain, la differez-vous à vn autre temps? N'y courez-vous pas à l'heure mesme ? Ne renoncez-vous pas à vos plaisirs, & à vos autres affaires ? Vous pouuez gagner le Ciel assistant presentement les pauures de l'Hospital general, & vous remettez l'acquisition d'vne chose si precieuse à vn temps esloigné?

gné ? L'aumofne que vous leur ferez
fera tousjours vtile, mais elle le fera
au double en ce commencement, où
il faut faire des defpenfes immenfes
pour mettre les maifons en eftat de
receuoir ceux que l'on y enferme.
Pourquoy donc voulant eftre mife-
ricordieux dans quelques mois, fe-
rez-vous cruels & impitoyables au-
jourd'huy ? *Tu mifericordiam quid in* *Ambrof.*
*Serm. 81.*
*craftinum differs cum hodie crudelis &*
*immifericors fias.* Ne fçauez-vous pas
que celuy qui donne toft , donne
deux fois , & que pour rendre vn
bien-fait accompli, il faut qu'il pre-
cede les demandes ? La faim des pau- Il faut
ures enfermez a-t'elle des oreilles faire l'aumofne
pour entendre cette parole, dans prom-
trois mois ie vous nourriray? Le ven- ptement.
-tre peut-il fe contenter de cette bel-
le promeffe ? Ignorez-vous que demain, demain, eft le langage de Babylone & de fes mal-heureux habitans; & qu'aujourd'huy, aujourd'huy
eft le mot du guet de Hierufalem.
Donc fi aujourd'huy vous entendez
la voix des hommes, des femmes &
des enfans, qui vous crient dans cét

K

Hofpital, affiftez-nous, fecourez-nous, nous mourrons de faim fans vos aumofnes; n'endurciffez pas vos cœurs, ouurez-les à la compaffion, afin que vos mains s'ouurent aux prefens pour leur fubfiftance ? Que deuiendriez-vous, fi Dieu remettoit à demain à vous conferuer ? Du moment que fon fecours, qui fait que vous fubfiftez ceffroit, vous tomberiez dans le neant d'où il vous a tirez ? Donc comme vous demandez à Dieu qu'à ce moment il vous defende, il vous conferue, il vous donne voftre pain quotidien ; de mefme en ce moment donnez à fes pauures les chofes dont ils ont befoin. Dans le droit ciuil les penfions alimentaires ne fouffrent point de delay, & on les adjuge par prouifion. Mais dans le droit diuin, les alimens pour les pauures admettent encore moins de remife, & il les faut donner en definitiue. La raifon en eft, que dans les requeftes ciuiles pour leur prouifion, on ne peut pas juger d'abord qui eft tenu de les fournir; mais dans les demandes Chre-

*Pfalm. 90.*

ftiennes des miserables, il n'y a point
de pieces à voir, le procez est jugé,
& les riches sont condamnez par la
Nature & par l'Euangile, à entrete-
nir les pauures. *Seruus es Dei, & dis-* Serm. 81.
*penfatio tibi commissa est dominicæ fa-*
*cultatis.* *Vous estes feruiteurs de Dieu,*
leur dit S. Ambroise, *Regardez donc*
*qui est celuy qui vous a donné la dif-*
*penfation des biens de fa famille.* Il
vous en demande compte, & si vous
les auez tous employez pour vostre
vanité, ou pour vos delices, il vous
punira comme des larrons, & comme des homicides qui auez fait mourir vos freres, pour lesquels son Fils
est mort. Mais vous ne tomberez pas
dans ce mal-heur. Vous serez sans
doute meilleurs mesnagers de l'occasion que la prouidence vous presente de faire vn aussi grand gain
qu'est celuy du Ciel, pour quelque
petite aumosne, & il faudra plustost
vous retenir dans vos charitez, que
vous y pousser. Ie puis dire sans
vous flater, que vostre charité est ce-
lebre dans toute la France, & que
chacun a admiré les efforts qu'elle a

K ij

fait dans des temps tres-difficiles : Vous n'auez garde de laiffer perir cette gloire, & la fubfiftance de l'Hofpital general, fera vne marque eternelle de voftre tendreffe pour les membres de IESVS-CHRIST. Le Chafteau de Biceftre, la Salpeftriere, & l'Hofpital de la Pitié, feront des baftions qui couuriront mieux voftre ville contre tous fes ennemis, que voftre nombre innombrable. Si Dieu vouloit ennoyer fon Ange exterminateur pour la deftruire, il s'arrefteroit voyant à l'entrée ces maifons où voftre charité fera reluire le fang de l'Agneau, & pour l'amour de ceux qui les entretiendront, il épargnera les pecheurs qui auront prouoqué fa colere. Ainfi, vous n'empefcherez pas feulement les pauures de mourir de faim, vous fauuerez vos Concitoyens, & vous aurez l'honneur, n'eftant que de foibles creatures, de defarmer le Tout-puiffant, & de faire changer *Malach.* les Arrefts de celuy qui dit, *Ie fuis* *chap.* 3. *Dieu, & ie ne change point.*

### FIN.

www.ingramcontent.com/pod-product-compliance
Lightning Source LLC
Chambersburg PA
CBHW052052270326
41931CB00012B/2721